Pythagoras

MATHEMATIK 5
REALSCHULE BAYERN

Lösungen
bearbeitet von
Wolfgang Kolander

Herausgeber
Dieter Baum • Hannes Klein

Autorinnen und Autoren
Franz Babl – *Utting am Ammersee*
Evelyn Häusler – *Donauwörth*
Wolfgang Kolander – *Uffenheim*
Nikolaus Schöpp – *Weißenburg*
Barbara Theis – *Straubing*

Berater
Stephan Baumgartner – *Brannenburg*

Cornelsen

Herausgeber
Dieter Baum, Hannes Klein

Autorinnen und Autoren
Franz Babl, Evelyn Häusler, Wolfgang Kolander, Nikolaus Schöpp, Barbara Theis

Redaktion: Michael Link
Technische Umsetzung und Grafik: Axel Siebert, Frankfurt/Oder; Wolfgang Kolander, Uffenheim

Begleitmaterial zum Lehrwerk für Lehrerinnen und Lehrer	
Schülerbuch als E-Book	ISBN 978-3-06-041113-9
Lösungen zum Schülerbuch	ISBN 978-3-06-041142-9
Handreichungen für den Unterricht	ISBN 978-3-06-041123-8
Kopiervorlagen für eine Lerntheke	ISBN 978-3-06-041145-0
Arbeitsheft	ISBN 978-3-06-041143-6
Begleitmaterial auf USB-Stick inkl. Unterrichtsmanager und E-Book auf scook.de	ISBN 978-3-06-001257-2

www.cornelsen.de

1. Auflage, 5. Druck 2022

Alle Drucke dieser Auflage sind inhaltlich unverändert
und können im Unterricht nebeneinander verwendet werden.

Druck: Esser printSolutions GmbH, Bretten

ISBN 978-3-06-041142-9

PEFC zertifiziert
Dieses Produkt stammt aus nachhaltig bewirtschafteten Wäldern und kontrollierten Quellen.

www.pefc.de

Inhalt

1 Natürliche Zahlen

1.1 Natürliche Zahlen

Seite 10

1

Auf den Bildern befinden sich jeweils 30 Wintersportler.
Auf dem oberen Bild sind sie geordnet angetreten. Deshalb können sie dort leichter gezählt werden. Da im oberen Bild drei Reihen mit jeweils zehn Sportlern zu sehen sind, beträgt ihre Anzahl insgesamt $3 \cdot 10 = 30$. Beim unteren Bild muss man die Sportler alle einzeln durchzuzählen.

Übungsaufgaben

1 Die kleinste natürliche Zahl ist die 1. Die Zugehörigkeit der 0 zu den natürlichen Zahlen ist nicht eindeutig festgelegt. (Vgl. DIN-Norm 5473)

2 Die drei Punkte zeigen an, dass immer weitere natürliche Zahlen folgen.

3 ungerade Zahlen: 1, 3, 5, 7, 9

1.2 Natürliche Zahlen ordnen und vergleichen

Seite 11

1 Beispiele:
- Talea hat eine größere Trefferzahl erzielt als Eray bzw. Maxim.
- Erays Trefferzahl ist kleiner als die von Talea bzw. von Maxim.

Übungsaufgaben

1

a

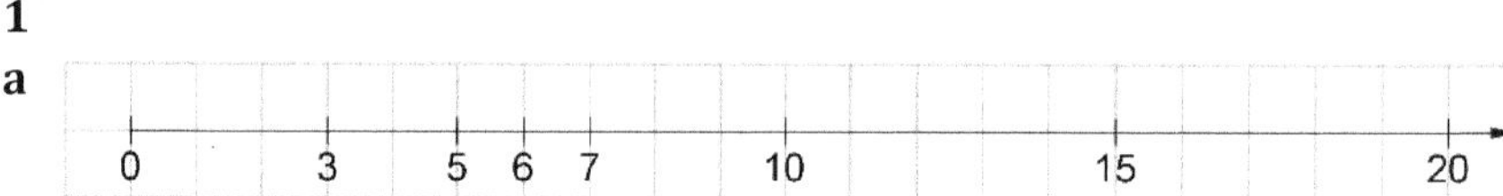

b $7 > 3$; $7 > 5$; $7 > 6$; $7 < 10$; $7 < 15$

c Zeichenübung. Man muss darauf achten, dass zwischen zwei Einheiten immer drei Kästchen liegen.

2

Vorgänger	49	98	998	468	1008	999	10 109	10 099
gegebene Zahl	50	99	999	469	1009	1000	10 110	10 100
Nachfolger	51	100	1000	470	1010	1001	10 111	10 101

3 $222 < 223 < 232 < 322$

Seite 12

4

a 24 ist größer als 3.

b 16 ist kleiner als 19.

c 3 ist kleiner als 8 und 8 ist kleiner als 12.

d 40 ist größer als 29 und 29 ist größer als 20.

5

a $23 < 32$ **b** $54 > 45$ **c** $9 < 12 < 15$ **d** $10 < 20 < 25$

6

a $7 < 12$

b $38 > 14 + 14\ (= 28)$

c $76 > 66 + 9\ (= 75)$

d $989 < 998$

e $1211 > 1112$

f $3416 > 3316 + 99\ (= 3415)$

7

a $1 < 11 < 111 < 1111$

b $4 < 16 < 20 < 40$

c $17 < 87 < 187 < 1870$

d $33 < 330 < 3033 < 30\,330$

e $107 < 1070 < 10\,070 < 10\,700$

f $6 < 17 < 186 < 187 < 618$

8 Zwischen 95 und 103 liegen 7 Zahlen: $96 < 97 < 98 < 99 < 100 < 101 < 102$

9 Es sind 114 Zahlen.

10 Von links nach rechts und von oben nach unten:

- 10; 12; 16
- 5; 20; 30; 45
- 75; 125; 150; 225
- 1350; 1400; 1600; 1700
- 2750; 3500; 4750

11

a

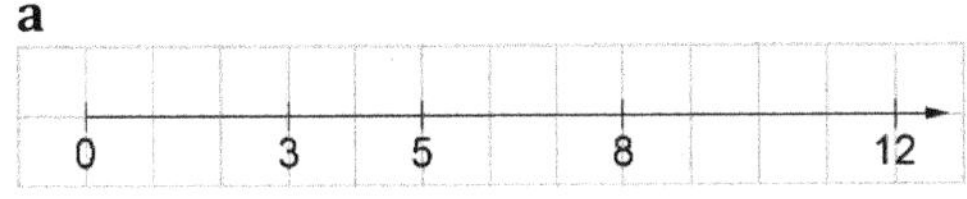

b

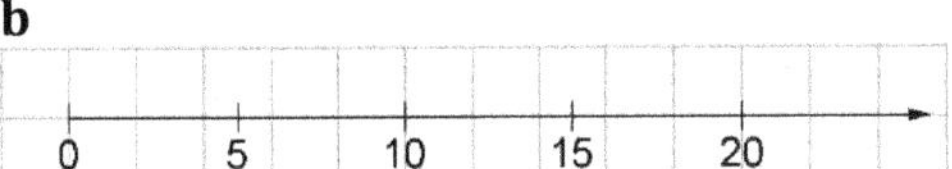

c

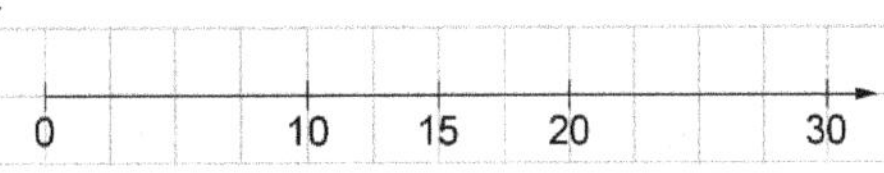

d

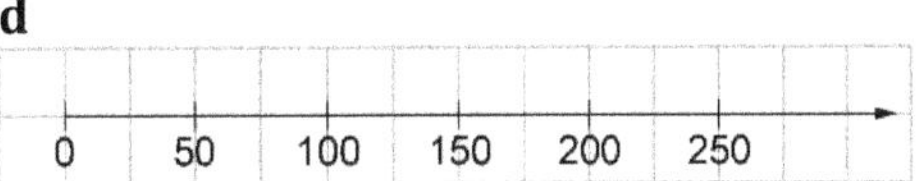

12

a Harald ist am größten, Max ist am kleinsten.

b Alfred ist am größten, Manuela ist am kleinsten.

c Louis ist am größten, Sandro ist am kleinsten (Louis > Daniela > Franz > Sandro).

13 $135 < 153 < 315 < 351 < 513 < 531$

14 Wal > Elefant > Elch > Tiger > Hund > Katze > Hamster > Regenwurm > Wespe > Ameise

1.3 Das Zehnersystem

Seite 13

1 1 Karton und 2 Schachteln

2 5 Kartons, 8 Schachteln und 4 Tafeln

3 ca. 9 600 000 000 Tafeln

Übungsaufgaben

1

a
467 $= 4 \cdot 100 + 6 \cdot 10 + 7 \cdot 1$
1001 $= 1 \cdot 1000 + 1 \cdot 1$
8732 $= 8 \cdot 1000 + 7 \cdot 100 + 3 \cdot 10 + 2 \cdot 1$
98 902 $= 9 \cdot 10\,000 + 8 \cdot 1000 + 9 \cdot 100 + 2 \cdot 1$
707 070 $= 7 \cdot 100\,000 + 7 \cdot 1000 + 7 \cdot 10$
30 002 $= 3 \cdot 10\,000 + 2 \cdot 1$
920 100 $= 9 \cdot 100\,000 + 2 \cdot 10\,000 + 1 \cdot 100$
13 021 $= 1 \cdot 10\,000 + 3 \cdot 1000 + 2 \cdot 10 + 1 \cdot 1$

b
467 = 4 H 6 Z 7 E
1001 = 1 T 1 E
8732 = 8 T 7 H 3 Z 2 E
98 902 = 9 ZT 8 T 9 H 2 E
707 070 = 7 HT 7 T 7 Z
30 002 = 3 ZT 2 E
920 100 = 9 HT 2 ZT 1 H
13 021 = 1 ZT 3 T 2 Z 1 E

c
467 = vierhundertsiebenundsechzig
1001 = eintausendeins
8732 = achttausendsiebenhundertzweiunddreißig
98 902 = achtundneunzigtausendneunhundertzwei
707 070 = siebenhundertsiebentausendsiebzig
30 002 = dreißigtausendzwei
920 100 = neunhundertzwanzigtausendeinhundert
13 021 = dreizehntausendeinundzwanzig

2

a 998 **b** 3704 **c** 15 079 **d** 469 702

Seite 14

3

a 5342
b 90 040
c 700 601
d 200 530
e 703 020
f 87 057

4

a 204 873
b 80 365
c 9 T 3 H 6 Z 7 E
d 5 HT 7 T 3 H 9 Z

5	HT	ZT	T	H	Z	E	Bemerkungen
a				4	5	8	rechtsbündig schreiben
b	9	0	2	6	0	3	H und Z vertauscht
c	6	5	3	7	2	1	kein Fehler
d			4	6	1	0	Z und E vertauscht

6

a 3415; 4515 **b** 11 912; 13 012 **c** 39 998; 41 098 **d** 98 910; 100 010

7

a 1469; 9641 **b** 1496 **c** 964 **d** Ziffern absteigend ordnen

8 größte Zahl: 99 939; kleinste Zahl: 19 030

9

a 10 Zahlen **b** 90 Zahlen **c** 100 Zahlen

10

a 119-mal **b** 18-mal

11

a 4994 **b** 17 Schritte **c** 4500,6 m; sinnvoll gerundet: 4500 m

12

a 345 000 Liter **b** 99 999 m^3 **c** das Einer-Rädchen ganz rechts **d** 9 654 001 Liter

1.4 Große Zahlen

Seite 15

1 individuelle Lösungen

2 Die nächsten drei Bilder werden aus folgenden Entfernungen aufgenommen:
1 000 000 m = 1000 km; 10 000 000 m = 10 000 km; 100 000 000 m = 100 000 km.
Auf diesen Bildern wird vermutlich vor allem Wasser zu sehen sein, eventuell auf dem letzten auch schon die Erde als Kugel. Bei 100 000 km Entfernung ist der Mond noch nicht erreicht.

3 $10 \cdot 10 \cdot 10 = 10^3 = 1000$
Der Faktor 10 kommt dreimal vor. Es sind aber nur zwei Multiplikationen auszuführen.

Seite 16

Übungsaufgaben

1

a dreitausend = $3 \cdot 10^3$
b dreihunderttausend = $3 \cdot 10^5$
c dreihundert Milliarden = $3 \cdot 10^{11}$
d dreißig Billionen = $3 \cdot 10^{13}$
e drei Billiarden = $3 \cdot 10^{15}$
f dreihundert Trilliarden = $3 \cdot 10^{23}$

2

a $1 \cdot 10^3$ **b** $3 \cdot 10^6$ **c** $9 \cdot 10^9$ **d** $5 \cdot 10^4$ **e** $5 \cdot 10^{10}$ **f** $22 \cdot 10^4$

3

a $2 \cdot 10^7 < 3 \cdot 10^7 < 6 \cdot 10^7 < 9 \cdot 10^7$

b $3 \cdot 10^3 < 2 \cdot 10^5 < 4 \cdot 10^5 < 2 \cdot 10^6 < 2 \cdot 10^7 < 5 \cdot 10^8$

c $9 \cdot 10^2 < 4 \cdot 10^3 < 99 \cdot 10^2 < 998 \cdot 10^1 < 10 \cdot 10^3$

4

	M	HT	ZT	T	H	Z	E
a				1	1	3	4
b			2	0	1	1	0
c		5	4	0	2	0	0
d			4	7	2	0	1

5

a Sechs Millionen Achthunderteinunddreißigtausendsiebenhundertvierundzwanzig

b Einhundertneuntausendfünfhundertdreizehn

c Sechsundsechzigtausendvierhunderteinundvierzig

d Achthundert Milliarden Neunhundertfünfundzwanzig Millionen Zweihunderteintausend

6

a viertausend **b** zweitausendzweihundert **c** einhundertzehn

7

a

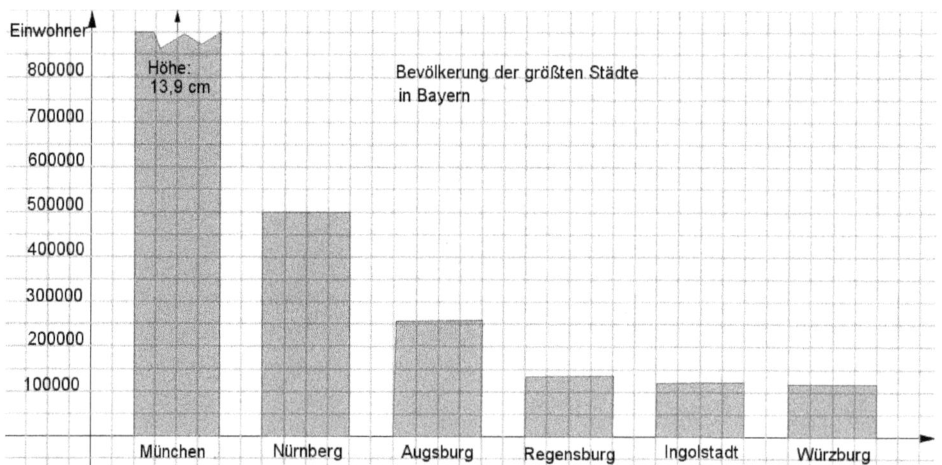

b Die Säule für Berlin müsste 33,8 cm hoch gezeichnet werden.

1.5 Runden

Seite 17

1 Die Zahl in der Zeitung ist ein gerundeter Wert. Da die Zahl 74 738 näher an 80 000 als an 75 000 liegt, wurde auf 75 000 gerundet. Die Zahl 74 738 ist die Zahl der verkauften Karten. Es werden nicht exakt so viele Zuschauer im Stadion gewesen sein, da es immer Gründe für einzelne Interessenten geben kann, trotz gekaufter Karte nicht ins Stadion zu kommen, z. B. Verkehrsstaus, Zugausfälle, plötzliche Erkrankungen, andere Termine.

2 Die Überschlagsrechnung ist korrekt, wobei sinnvollerweise auf Zehner gerundet wurde:
10 km + 20 km + 30 km + 20 km + 30 km = 110 km
Das exakte Ergebnis (107 km) kommt diesem Näherungswert sehr nahe.

Seite 18

Übungsaufgaben

1

a 20
b 10
c 0
d 100
e 300
f 2 500
g 3 000
h 11 000
i 0
j 27 000 000
k 2 000 000
l 0

2

a Hunderter
b Tausender
c Zehner
d Hunderter
e Hunderttausender
f Hunderter, Tausender oder Zehntausender

3

a 15 000 (sinnvoll)
b nicht sinnvoll
c 2500 m (sinnvoll)
d nicht sinnvoll
e 1500 kg (sinnvoll)
f 200 € (sinnvoll)

4

a 1 300 000
b 900 000
c 18 100 000
d 107 500 000

5

a 68 000
b 50 000
c 31 000
d 83 000
e 13 000
f 9000

0 9000 13 000 31 000 50 000 68 000 83 000 100 000

6

a 3692 ≈ 3700 (war auf Zehner gerundet)
b 173 512 ≈ 174 000 (Rundung war nicht vollständig ausgeführt)
c 905 742 ≈ 910 000 (war auf Tausender gerundet)
d 2 481 612 ≈ 2 000 000 (war auf- statt abgerundet, das kann geschehen, wenn zuerst auf Hunderttausender und dann weiter auf Millionen gerundet wird)

7

a

mindestens	gerundet	höchstens
7 500	8 000	8 499
31 500	32 000	32 499
116 500	117 000	117 499
500	1 000	1 499

b

mindestens	gerundet	höchstens
1 075 000	1 080 000	1 084 999
135 000	140 000	144 999
8 015 000	8 020 000	8 024 999
5 000	10 000	14 999

8

	Donau	Elbe	Rhein	Oder	Mosel	Main
a	2800 km	1100 km	1300 km	900 km	500 km	500 km
b	2811 km	1094 km	1239 km	(866 km)	(544 km)	(527 km)

c Der Neckar ist 362 km lang und damit um 2449 km kürzer als die Donau.

1.6 Schätzen

Seite 19

1 individuelle Antworten

2 Heike teilt das Bild in gleich große rechteckige (in diesem Falle quadratische) Teilflächen auf und ermittelt, wie viele Steine ungefähr auf eine Teilfläche entfallen. Das Ergebnis multipliziert sie mit der Anzahl der Teilflächen (in diesem Falle 20). Das spart gegenüber dem vollständigen Auszählen aller Steine viel Zeit und Mühe.

Übungsaufgaben

1 Teilfragen 1 und 2: Individuelle Antworten.
Teilfrage 3: Es sind etwa 100 Tulpen und etwa 200 Schokolinsen. Diese Zahlen können je nach Lösungsmethode stark variieren. Die Aussage, dass mehr als dreimal so viele Schokolinsen wie Tulpen abgebildet sind, kann aber mit hoher Sicherheit verneint werden.

Seite 20

3 In ca. 23 m Höhe befindet sich die Aussichtsplattform. Der Turm hat eine Gesamthöhe von 36 m. (Der Anbau ist die Zugangsleiter zum Eingang.)

4 Der grüne obere Teil ist etwa 7 m hoch.

Übungsaufgaben

2

a Der Turm ist etwa 25 m hoch. Die Person, die unten auf das Gebäude zugeht, liefert einen Anhaltspunkt, wenn man für ihre Körpergröße etwa 1,80 Meter annimmt.

b Die Anzahl der Stufen ist schwer abzuschätzen. Wenn man 5 Stufen für einen überwundenen Höhenmeter annimmt, kommt man auf insgesamt 125 Stufen.

3

a Die Höhe des Kunstwerks beträgt etwa 4,5 m.

b Die durchschnittliche Fußhöhe eines Menschen beträgt etwa 10 cm, die durchschnittliche Körperhöhe von Männern in Deutschland ist ca. 1,80 m. Eine mögliche Abschätzung ist also:
$4{,}5\text{ m} : 0{,}1\text{ m} \cdot 1{,}8\text{ m} = 81\text{ m} \approx 80\text{ m}$.

1.7 Andere Zahlensysteme

Seite 21

1 Die Sonnenuhr zeigt etwa 11:45 Uhr.

2 individuelle Antworten

Übungsaufgaben

1
a 27 **b** 67 **c** 129

2
a XXXVII **b** CXXXVIII **c** CCLV **d** DV **e** LXXIX **f** CXIX

3
a VI; VIII **b** XV; XVII **c** XXVIII; XXX

4 individuelle Lösungen

5
a LV **b** CCXVII **c** CLXIII **d** DCCCXLVI

6
a 4 = IV **b** 40 = XL **c** 1400 = MCD **d** 8 = VIII **e** 990 = CMXC **f** 94 = XCIV

Zweiersystem

Seite 22

1 $53 = 1 \cdot 32 + 1 \cdot 16 + 0 \cdot 8 + 1 \cdot 4 + 0 \cdot 2 + 1 \cdot 1 = 110\,101_2$

Übungsaufgaben

1
a

128	64	32	16	8	4	2	1		
	1	0	1	0	1	1	0	=	86
1	0	0	0	0	1	0	1	=	133
		1	1	1	1	1	1	=	63
1	1	0	0	1	0	0	0	=	200

b

128	64	32	16	8	4	2	1		
					1	1	1	=	7
		1	0	0	0	1	1	=	35
	1	0	0	1	0	0	1	=	73
1	0	0	0	0	0	1	1	=	131

2
a 13 **b** 18 **c** 53 **d** 35 **e** 218 **f** 256

3
a 11101_2 **c** 111010_2 **e** 1110100_2
b 100101_2 **d** 1011011_2 **f** 10111001_2

4
a 1100011_2 **b** 1100000_2 **c** 111011_2 **d** 11111_2 **e** 11011_2 **f** 10001_2
Lösung: Die Zahl 110101_2 (entspricht der Dezimalzahl 53) war die richtige.

Eintragen der Dualzahlen:

		d	e		f			
		1			1			
c		1	1	1	0	1	1	
b		1	1	0	0	0	0	0
a	1	1	0	0	0	1	1	
		1	1	0	1	0	1	
			1					

1.8 Zählen

Seite 23

1

c Anne hat theoretisch $4 \cdot 3 \cdot 2 \cdot 1$ (= 4!) = 24 Möglichkeiten. Da ihr Name zwei gleiche Konsonanten enthält, bleiben 12 Variationen übrig, wenn die Konsonanten in ANNE nicht einen besonderen Stellenwert erhalten sollen. Wenn das der Fall sein soll, dann wird die Liste redundant, denn sie enthält dann jede Kombination genau zweimal.

ANNE	NANE	NNAE	ENNA
ANEN	NAEN	NNEA	ENAN
ANNE	NNAE	NANE	ENNA
ANEN	NNEA	NAEN	ENAN
AENN	NENA	NENA	EANN
AENN	NEAN	NEAN	EANN

Seite 24

Übungsaufgaben

1 Bei einem völlig ungewissem Ausgang des 100-m-Laufs ist jede Reihenfolge aus A – B – C – D – E möglich, es sind also 5! = 120 Kombinationen denkbar. Die ersten 24 Kombinationen lauten:

ABCDE	ACBDE	ADBEC	AEBCD
ABCED	ACBED	ADBCE	AEBDC
ABDCE	ACDBE	ADCBE	AECDE
ABDEC	ACDEB	ADCEB	AECED
ABEDC	ACEBD	ADEBC	AEDBC
ABECD	ACEDB	ADECB	AEDCB

Weitere 4 Gruppen mit jeweils 24 Kombinationen werden nach dem gleichen Muster zusammengestellt. Ein Baumdiagramm dürfte sehr umfangreich ausfallen.

2 Die Obergrenze der Anzahl aller möglichen „AN-JA“- Nummernschilder hängt nur von der folgenden Ziffernfolge ab. Ist diese dreistellig, so können 999 „AN-JA“-Schilder ausgegeben werden.

3

a 24 Kombinationen

b 16 Kombinationen

c 6 Kombinationen (ohne Fisch und Torte)

4

a $4 \cdot 7 = 28$ Kombinationen (Mit Schuhen sind es 84 Kombinationen)

b $7 \cdot 5 = 35$ Kombinationen (Der Hut steht nicht zur Auswahl)

5

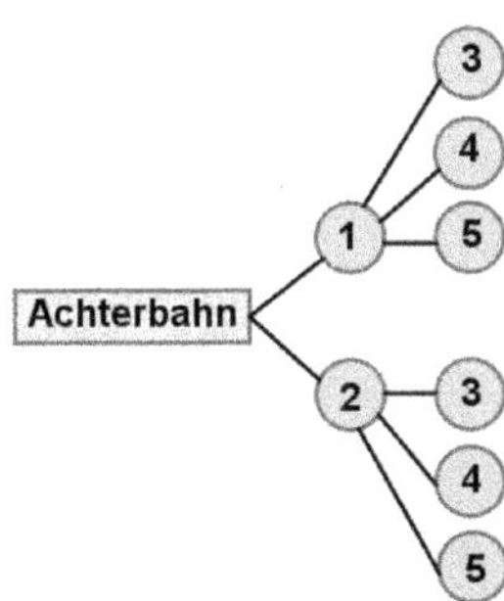

6

a 2-stellige Kombinationen aus den Buchstaben a, b und c. Derartige Passwörter sind nicht sicher, da schon mit 9 Versuchen das richtige Passwort anfällt.

b Mehrstellige Kombinationen aus Buchstaben, Zahlen und Sonderzeichen.

c Individuelle Antworten.

7

a

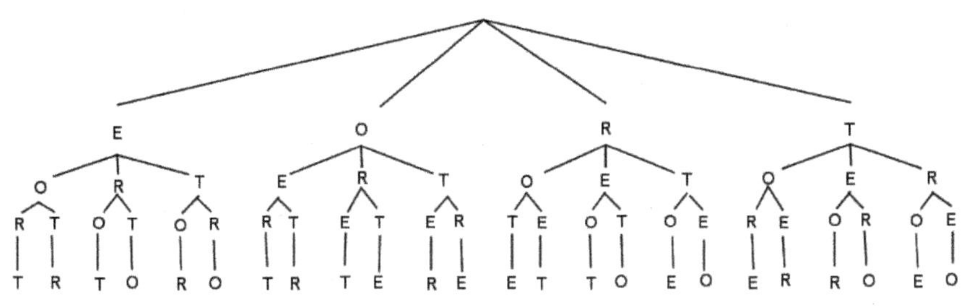

Andere Methode – Buchstabenfolge:

EORT, EOTR,	OERT, OETR,	ROTE, ROET,	TORE, TOER,
EROT, ERTO,	ORET, ORTE,	REOT, RETO,	TEOR, TERO,
ETOR, ETRO,	OTER, OTRE,	RTOE, RTEO	TROE, TREO;

Nur einige wenige Buchstabenfolgen liefern sinnvolle Bgriffe.

b Individuelle Ergebnisse

c Eine Folge aus 4 Konsonanten kann keinen sinnvollen Begriff schaffen, deswegen ist der Einbau von Vokalen vernünftig.

Seite 25

8

a 3 mögliche Kombinationen: lila – lila, blau – lila, und blau – blau.

b Blauer Socken: Bei 9 weiteren Griffen führen 7zu einem gleichen Paar.
Lila Socken: Bei 9 weiteren Griffen führt nur einer zu einem gleichen Paar.

c 10 mal

9

a Wenn man die 0 als natürliche Zahl hinzunimmt:
Einstellig: 8; zweistellig: 64; dreistellig: 512; vierstellig: 4096;

b $8^5 = 32768$

10

a Jeder Empfänger schickt den Brief an 4 weitere Teilnehmer weiter.

b 3 Durchgänge: $4^3 = 64$ Briefe.

c Individuelle Ergebnisse.

11

a Möglich sind 7 Produkte: $3^2 = 9$; $5^2 = 25$; $7^2 = 49$; $3 \cdot 5 = 15$; $3 \cdot 7 = 21$; $5 \cdot 7 = 35$; $3 \cdot 5 \cdot 7 = 105$;

b Individuelle Lösungen; Das Kommutativgesetz gilt bei der Multiplikation, deswegen sind keine Permutationen bei den Faktoren möglich (bzw. notwendig).

c Auch hier gilt das Kommutativgesetz, deswegen sind nur folgende Kombinationen möglich:
$3 + 3 = 6$; $5+ 5 = 10$; $7 + 7 = 14$; $3 + 5 = 8$; $3 + 7 = 10$; $5 + 7 = 12$, und $3 + 5 + 7 = 15$;

12

a H: Hosen, S: Socken
r: rot, g: grün, b: blau

es gibt insgesamt 27 Kombinationen:

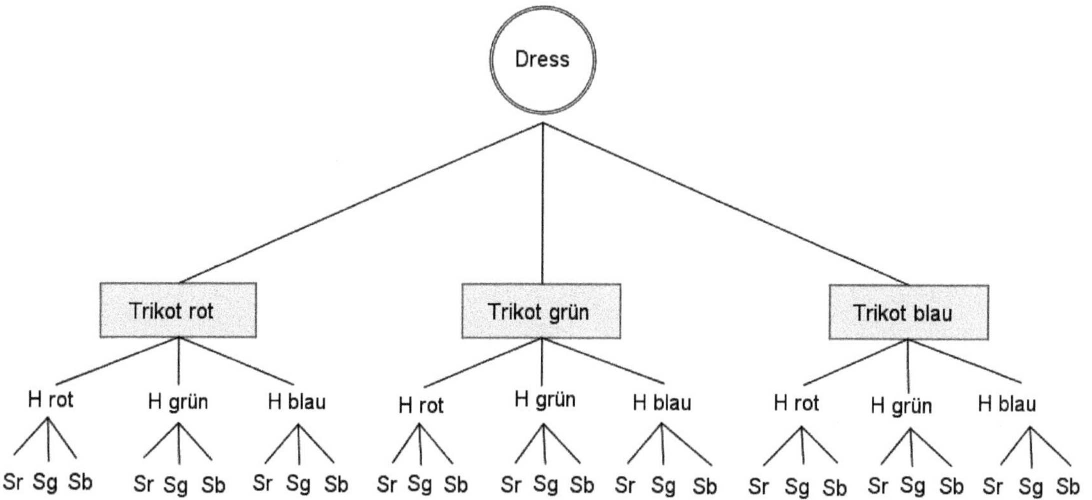

b 15 Kombinationen kommen in Frage, 12 Möglichkeiten fallen weg.

c Mit den Wünschen der Jungen zusammen bleiben dann noch 4 Möglichkeiten.

13

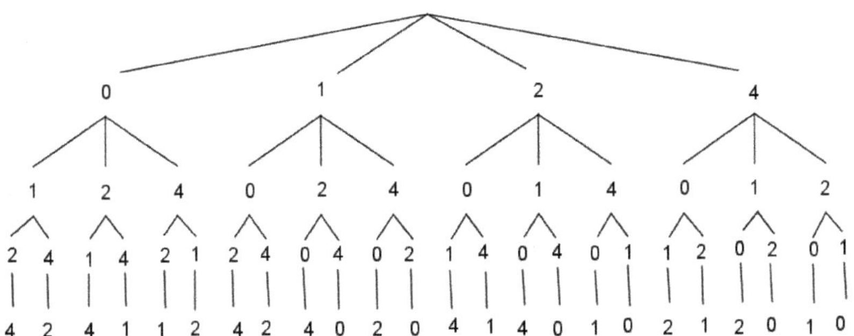

Baumdiagramm:

a 18 vierstellige Zahlen (ohne 0 zu Beginn)

b 6 dreistellige Zahlen

c Es können 6 ungerade Zahlen entstehen und 18 gerade. (Die Ziffer 1 ist die einzige ungerade Ziffer an letzter Stelle.)

14

a Aufstellung M □ □ □ P Für die 3 „Zwischenglieder" ergaben sich dann 3! = 6 Möglichkeiten.

b Aufstellung: □ □ B □ □ Durch systematisches Probieren erhält man 4! = 24 Möglichkeiten.

c 5! = 120 Möglichkeiten.

Seite 26

15

a $2 \cdot 9 = 18$

b $2 \cdot 999 = 1998$

c $2 \cdot 9999 = 19998$

16

a $10^4 = 10\,000$ Nummern (0000 – 9999)

b ja, Meinungsbildung durch Diskussion

17 Maximal 4 h 10 min

18

a 60 Kombinationen

b Individuelle Ergebnisse

19

a Beispiele: Deutschland, Frankreich, Italien, Irland, Niederlande, Belgien, Rumänien,…

b $6^3 = 216$

20

a 5 Linien.

b $15 = (9 + 6)$

c 15 mal

d Alle möglichen Verbindungen zwischen 2 Punkten (Partygästen) im Sechseck

e $(12 \cdot (12 - 3)):2 = 54$ Diagonalen + 12 Seiten = 66 Verbindungslinien

1.11 Mehr zum Thema: Die Geschichte unserer Zahlen

Seite 32

Vergleich der Entwicklung der Ziffern hin zu den heute verwendeten Zeichen. Individuelle Ergebnisse

2 Rechnen mit natürlichen Zahlen

2.1 Addition

Seite 34

1 Tina addiert im Kopf zu 265 zuerst die drei Hunderter, zum Ergebnis die zwei Zehner und zu diesem Ergebnis die sieben Einer. Marvin addiert im Kopf getrennt voneinander die Hunderter der beiden Summanden, die Zehner und die Einer. Er notiert die Zwischenergebnisse und erhält durch Addition den Wert der Summe. Victoria führt das Verfahren der schriftlichen Addition durch.

Übungsaufgaben

1
a 68 **b** 109 **c** 111 **d** 145 **e** 182 **f** 443 **g** 721 **h** 921

2
a 683 **b** 757 **c** 800 **d** 1779 **e** 7083 **f** 7005

Seite 35

3

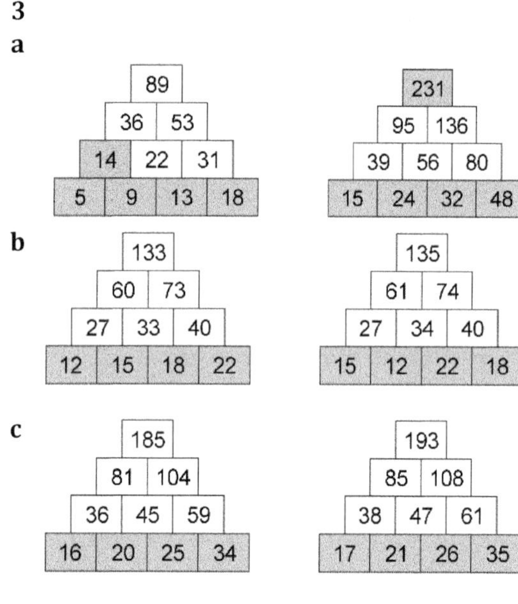

b In der rechten Pyramide wurden in der unteren Reihe die beiden linken und die beiden rechten Zahlen vertauscht. Die mittlere Zahl in der darüber liegenden Reihe stimmt dann nicht mehr mit der entsprechenden Zahl in der linken Pyramide überein.

c In der zweiten Reihe von unten sind die Zahlen jeweils um 2 größer, da die beiden Summanden um 1 erhöht wurden. In der dritten Reihe sind die Zahlen jeweils um 4 größer, da die beiden Summanden um 2 größer sind. Die Endzahl erhöht sich somit um 8.

4
a 797
b 1000
c 1564
d 2081
e 10 292
f 1149
g 6001
h 23 209

5
a 487 + 2403 + 7110 = 10 000
b 3089 + 12 800 + 14 111 = 30 000
c 9999 + (1111 + 8890) = 20 000
d (32 123 + 18 564) + (25 812 + 23 501) = 100 000

6

a Durch die vereinfachten Zahlen kann Leni das Ergebnis schnell und einfach im Kopf berechnen.
b Auf der Urkunde stehen 960 Punkte.
c Überschlag: 270 + 240 + 210 = 720; exaktes Ergebnis: 715. Inga bekommt eine Siegerurkunde.

7 Überschlag: 2 € + 6 € + 5,50 € + 2,50 € + 6 € + 5 € = 27 €. Das Geld reicht aus.

8

a In der Zehner-Spalte fehlt der Übertrag 1. Richtige Lösung: 883.
b Der Summand 352 wurde nicht stellengerecht geschrieben. Richtige Lösung: 3755.
c Der Übertrag wurde in die falsche Spalte geschrieben. Richtige Lösung: 9662.
d Der Übertrag in der Hunderter-Spalte muss 2 lauten. Richtige Lösung: 9821.

Seite 36

9

a 2325 + 3212 = 5537
b 139 + 392 = 531
c 427 + 561 = 988
d 139 + 561 = 700; 308 + 392 = 700
e Es gibt 15 Aufgaben.

10

a
4 5 3
+ 5 **1** **4**
9 6 **7**

b
4 1 **2**
+ **1** 5 1
+ 5 2 8
1 0 **9** 1

c
2 7 **0** 4
+ 5 6 1 **7**
+ **4** 6 2
8 7 8 3

d
7 **8** 3 4
+ 6 **7** 0 6 2
+ 8 4 7 **9**
8 3 3 **7** 5

11

a Ergebnis: 120 248; Überschlag: z. B. 13 000 + 107 000 = 120 000
b Ergebnis: 106 074; Überschlag: z. B. 62 000 + 9000 + 35 000 = 106 000
c Ergebnis: 366 464; Überschlag: z. B. 56 000 + 5000 + 306 000 = 367 000
d Ergebnis: 1 054 332; Überschlag: z. B. 350 000 + 230 000 + 480 000 = 1 060 000

12 Die genaue Besucherzahl von 51 338 wurde bewusst vereinfacht, damit die Überschrift in der Zeitung besser lesbar ist.

13 Sona: 14 765 €; Mira 2: 15 015 €; DC-3i: 14 540 € (günstigstes Modell)

14

a individuelle Lösungen
b Beispiel: 97 531 + 86 420 = 183 951
c Beispiel: 10 468 + 23 579 = 34 047
d Beispiel: 43 210 + 56 798 = 100 008

15

a 224 km + 109 km + 251 km + 553 km (Rückfahrt) = 1137 km
b Individuelle Lösungen

2.2 Subtraktion

Seite 37

1 Jana subtrahiert von 383 zuerst die zwei Hunderter, vom Ergebnis die sechs Zehner und von diesem Ergebnis die sechs Einer. Mike führt das Verfahren der schriftlichen Subtraktion durch.

Übungsaufgaben

1 Beim Rechenweg links wird zunächst die Zahl 100 abgezogen und anschließend die Differenz von 100 und 98 addiert. Beim Rechenweg rechts wird zur Zahl 98 zunächst die Zahl 2 addiert und dann zur Zahl 100 die Zahl 17. Die Summe der beiden Zahlen ist der Differenzwert von 117 - 98.

2

a	30	**c**	47	**e**	61	**g**	76	**i**	264
b	42	**d**	28	**f**	132	**h**	122		

3

a	8	**c**	245	**e**	153	**g**	108
b	32	**d**	14	**f**	142	**h**	809

4 individuelle Aufgaben und Lösungen

5 Beispiele für mögliche Lösungswege:

- Beide Subtrahenden nacheinander subtrahieren: 542 - 221 = 321; 321 - 134 = 187
- Reihenfolge der Subtrahenden vertauschen: 542 - 134 = 408; 408 - 221 = 187
- Zuerst beide Subtrahenden addieren: 221 + 134 = 355; 542 - 355 = 187
- Schriftliches Verfahren, wie es auf Seite 37 erklärt wurde anwenden.

Seite 38

6

a	51	**b**	130	**c**	93	**d**	187	**e**	1143	**f**	1772

7 a

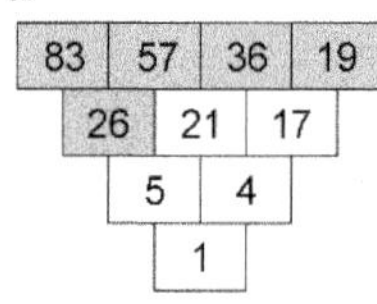

93 65 42 23
28 23 19
5 4
1

b

94 52 30 18
42 22 12
20 10
10

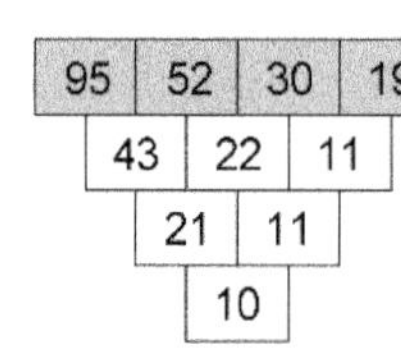

In der zweiten Reihe ist die linke Zahl um 1 größer, da der Minuend um 1 erhöht wurde. Die rechte Zahl ist um 1 kleiner, da der Subtrahend um 1 erhöht wurde. In der dritten Reihe sind beide Zahlen um 1 größer, da links der Minuend um 1 erhöht ist, rechts der Subtrahend um 1 verringert. Die Endzahl stimmt dann wieder mit der linken Pyramide überein.

8
a 497 **b** 615 **c** 1279 **d** 897 **e** 3070 **f** 512 **g** 453 **h** 1049

9

999 - 888 = 111	998 - 889 = 109	989 - 898 = 91
888 - 777 = 111	887 - 778 = 109	878 - 787 = 91
777 - 666 = 111	776 - 667 = 109	767 - 676 = 91
666 - 555 = 111	665 - 556 = 109	656 - 565 = 91
555 - 444 = 111	554 - 445 = 109	545 - 454 = 91
444 - 333 = 111	443 - 334 = 109	434 - 343 = 91

In der linken Spalte sind alle Ziffern jeweils beim Minuenden und Subtrahenden gleich. In der mittleren Spalte sind beim Minuenden die ersten beiden Ziffern um 1 größer als die dritte Ziffer, beim Subtrahenden sind die ersten beiden Ziffern um 1 kleiner. In der rechten Spalte ist beim Minuenden die mittlere Ziffer um 1 kleiner als die beiden anderen. Beim Subtrahenden ist die mittlere Ziffer um 1 größer. Bei den jeweils gewählten Anordnungen der Zahlen sind die Ergebnisse innerhalb einer Spalte gleich.

10
a 3127 - 895 = 2232; Umkehraufgabe: 2232 + 895 = 3127
b 5614 - 3997 = 1617; Umkehraufgabe: 1617 + 3997 = 5614
c 1000 - 999 = 1; Umkehraufgabe: 1 + 999 = 1000

11
a In der Zehner-Spalte fehlt der Übertrag 1. Richtige Lösung: 1015.
b Kein Fehler.
c Der erste Subtrahend wurde nicht stellengerecht geschrieben. Richtige Lösung: 3218.
d Hier wurde addiert, nicht subtrahiert. Richtige Lösung: 5209.

12 Die Höhe des Flughafens beträgt 4061 m.

13 Es dürfen noch 248 Personen zusteigen.

Seite 39

14
a, b individuelle Lösungen **c** 1572 - 268 = 1304 **d** 1507 - 503 = 1004

15

a
```
  783
- 547
  236
```
b
```
 1812
-  907
   905
```
c
```
 9714
-8675
 1039
```
d
```
 53135
-42472
 10663
```

16
a Ergebnis: 256 923; Überschlag: z. B. 268 000 - 11 000 = 257 000
b Ergebnis: 192 059; Überschlag: z. B. 350 000 - 130 000 - 20 000 = 200 000
c Ergebnis: 251 095; Überschlag: z. B. 300 000 - 10 000 - 40 000 = 250 000
d Ergebnis: 467 076; Überschlag: z. B. 650 000 - 90 000 - 100 000 = 460 000

17

989 - 323 = 666	787 - 343 = 444	656 - 232 = 424
656 - 434 = 222	454 - 121 = 333	434 - 121 = 313
878 - 545 = 333	898 - 343 = 555	989 - 343 = 646
767 - 212 = 555	565 - 454 = 111	767 - 565 = 202
434 - 323 = 111	676 - 232 = 444	878 - 121 = 757
545 - 212 = 333	343 - 121 = 222	545 - 343 = 202

In der linken Spalte ist sowohl beim Minuenden als auch beim Subtrahenden die zweite Ziffer um 1 kleiner als die erste und dritte. Bei der Subtraktion sind somit die Differenzwerte der Hunderter, Zehner und Einer gleich. In der mittleren Spalte verhält es sich ähnlich. Hier ist die zweite Ziffer jeweils um 1 größer. In der rechten Spalte ist beim Minuenden die zweite Ziffer um 1 kleiner als die beiden anderen, beim Subtrahenden ist sie um 1 größer. Somit müssen bei der Subtraktion die Differenzwerte der Hunderter und Einer gleich sein, der Zehnerwert dagegen ist um 2 kleiner.

18

a Beispiel: 978 - 321 = 657
b 987 - 123 = 864
c 317 - 298 = 19 oder 812 - 793 = 19
d Beispiel: 987 - 321 = 666. Es gibt 6 Möglichkeiten.

19

a Der Mount Everest ist um 5886 m höher als die Zugspitze.
b Nanga Parbat und Matterhorn: 3647m; K2 und Großglockner: 4813 m
c Mount Everest und K2: 237 m
d Der Parkplatz liegt auf einer Höhe von 740 m.
e Daniel hatte bereits 627 Höhenmeter zurückgelegt. Am nächsten Tag waren noch 1595 m Höhenunterschied zu überwinden.

2.3 Verbindung von Addition und Subtraktion

Seite 40

1 Neue Schülerzahl: 652 - 94 - 3 - 4 + 103 + 11 = 665

2

a 192 € - 23 € + 29 € - 15 € = 183 €. Sarah hat den Kassenstand vom 31. 05. richtig berechnet.
b Sarah hat mithilfe der Klammern die Einnahmen und Ausgaben der Monate Juni und Juli dargestellt.

Übungsaufgaben

1

a 24 **b** 33 **c** 42 **d** 205 **e** 28 **f** 248

2

a 65 **b** 96 **c** 65 **d** 18

3

a 162 **b** 111 **c** 252 **d** 29 **e** 503

4

a 97 - (27 + 18) = 52
97 - 27 + 18 = 88

b 115 - (72 - 38) = 81
115 - 72 - 38 = 5

Seite 41

5

a 29 + 48 = **77**
b 28 + **57** = 85
c **71** - 56 = 15
d 32 + **19** + 49 = 100
e **89** + 33 + 48 = 170
f 81 - 59 + **13** = 35
g **36** + 51 - 23 = 64
h 104 - (18 + **23**) = 63
i 136 - (**40** - 6) = 102
j 252 - (135 - **23**) = 140

6

a

4	14	15	1
9	7	6	12
5	11	10	8
16	2	3	13

b

15	2	19	6	23
22	14	1	18	10
9	21	13	5	17
16	8	25	12	4
3	20	7	24	11

8

a

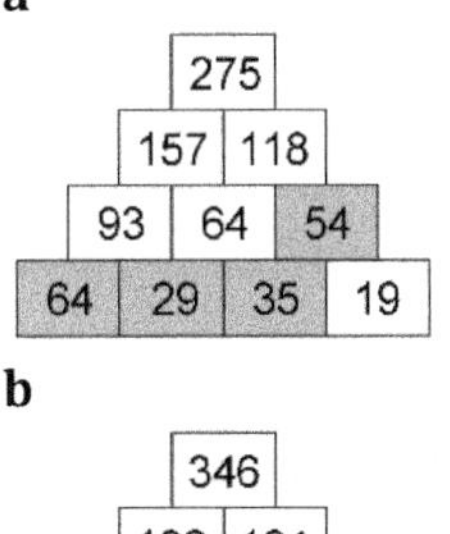

b

346
182 164
84 98 66
22 62 36 30

c

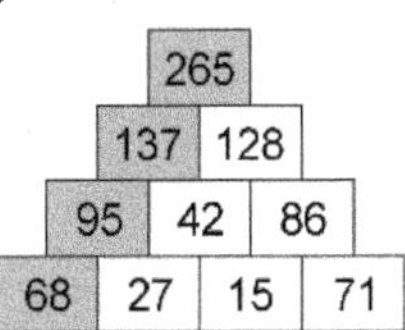

d

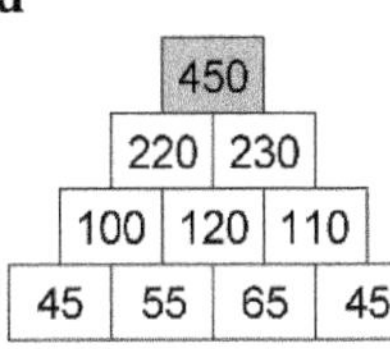

8

a 600 + 300 = 900
601 + 298 = 899
603 + 294 = 897
607 + 286 = 893
615 + 270 = 885

b 600 - 300 = 300
601 - 298 = 303
603 - 294 = 309
607 - 286 = 321
615 - 270 = 345
631 - 238 = 393
663 - 174 = 489
727 - 46 = 681

c 631 + 238 = 869
663 + 174 = 837
727 + 46 = 773

Die Summenwerte werden nach folgendem Muster kleiner: –1, –2, –4, –8, –16, ...
Die Differenzwerte werden nach folgendem Muster größer: +3, +6, +12, +24, +48, ...

9

a (112 - 38) + (37 + 49) = 160
b (168 - 59) - (34 + 57) = 18
c (132 - 98) + (164 - 87) = 111
d (123 + 65) - (123 - 65) = 130

10

a 71 **b** 73 **c** 114 **d** 1

11

a individuelle Lösungen **b** 45 + 29 + 11 + 24 = 109 **c** Beispiel: 45 + 11 - (29 + 24) = 3

Seite 42

12 Ergebnis: 100. Der Junge rechts geht am geschicktesten vor. Er hat die Summanden 27 und 11 vertauscht. Dadurch kann er die Teilsummen 49 + 11 und 27 + 13 einfach berechnen. Er nutzt das Vertauschungs- und Verbindungsgesetz zum vorteilhaften Rechnen.

13

a 132 **b** 129 **c** 106 **d** 313 **e** 129 **f** 238

14

a 189 **b** 238 **c** 200 **d** 409 **e** 606 **f** 501

15

a 250 **b** 290 **c** 380 **d** 457 **e** 482 **f** 1038

16 Florian wandte fälschlicherweise das Vertauschungsgesetz bei der Verbindung von Addition und Subtraktion an. Richtige Lösung: 44.
Max berücksichtigte nicht, dass das Verbindungsgesetz nur bei der Addition gilt. Er setzte fälschlicherweise Klammern und berechnete zuerst, was in der Klammer steht. Richtige Lösung: 11.

17 Es bleiben 112 Plätze leer.

18

a 11 **b** 9 **c** 22 **d** 69

19

a Ergebnis: 4553; Überschlag: z. B. 1200 + 4300 - 1000 = 4500
b Ergebnis: 1192; Überschlag: z. B. 6800 - 3200 - 900 - 1500 = 1200
c Ergebnis: 1638; Überschlag: z. B. 4000 + 4700 - 4300 - 2700 = 1700
d Ergebnis: 14 402; Überschlag: z. B. 1200 + 12 000 + 3500 - 2300 = 14 400

Seite 43

20 Die Gesamtkosten betragen 4922,00 €. Das eingesammelte Geld reicht.

21

a Es sind jetzt 1318 Vereinsmitglieder.
b Insgesamt gab es eine Zunahme um 40 Mitglieder.
c Die Abnahme war im Jahr 2011 am größten (48 Mitglieder weniger).

22

a 30 und 20 **b** 503 und 497 **c** 21; 22; 23
Vorgehensweise: Vom Mittelwert ausgehen.

23

a 15 km + 22 km + 18 km + 17 km = 72 km
b Beispiel: Start – Station 1 – Station 2 – Station 3 – Start; (68 km, kürzeste Gesamtstrecke)

2.4 Multiplikation

Seite 44

1 individuelle Beschreibungen des Verfahrens

Übungsaufgaben

1

a 444
b 3388
c 6776
d 5888
e 11 776
f 62 631
g 85 184
h 14 088
i 77 196

2

a $6 \cdot 10 = 60$
b $5 \cdot 375\text{ g} = 1875$
c Kästen: $8 \cdot 2 \cdot 2 = 32$; Fl.: $32 \cdot 12 = 384$

Seite 45

3

a $5 \cdot 4 = 20$ **b** $8 \cdot 15 = 120$ **c** $7 \cdot 27 = 189$ **d** $4 \cdot 145 = 580$

4

a $50 \cdot 19 = 950$
b z. B. $18 \cdot 0 = 0$
c $16 \cdot 15 = 240$
d $17 \cdot 15 = 255$; $18 \cdot 15 = 270$; $20 \cdot 15 = 300$; $50 \cdot 15 = 750$; $16 \cdot 19 = 304$; $17 \cdot 19 = 323$; $18 \cdot 19 = 342$; $20 \cdot 19 = 380$; $50 \cdot 19 = 950$

5

a Zeichenübung; $6 \cdot 5 = 30$; $15 \cdot 2 = 30$; $4 \cdot 12 = 48$; $9 \cdot 10 = 90$; $12 \cdot 4 = 48$
b Individuelle Lösungen

6

a Das Einfache entspricht der Multiplikation mit dem Faktor 1, das Doppelte der Multiplikation mit dem Faktor 2, das Dreifache der Multiplikation mit dem Faktor 3 usw.
b $2 \cdot 137 = 274$
c $6 \cdot 524 = 3144$
d $24 \cdot 3 \cdot 14 = 72 \cdot 14 = 1008$

7

·	30	55	24	18
13	390	715	312	234
678	20 340	37 290	16 272	12 204
290	8 700	15 950	6 960	5 220

Lösungswort: SALATBESTECK

8

a 3717
b 5640
c 11 988
d 8626
e 41 400
f 13 311
g 646 464

9

a Es wurden insgesamt 3283,50 € Eintrittsgelder eingenommen.
b Individuelle Aufgaben und Lösungen. Beispiel: Es gingen 319 Erwachsene und 121 Kinder in die Dampfgrotte. Wie viel Geld nahm das Bad hier zusätzlich ein? Lösung: 660,00 €.

10

a Die Zehnerstelle 2 von 21 wurde nicht zu den 56 dazu gezählt. Die richtige Lösung ist 581.
b Bei der Addition wurde das Übertragen der 1 vergessen. Die richtige Lösung ist 2254.
c Bei der Multiplikation der Zehnerstelle wurde hinter die Einerstelle keine 0 gesetzt. Lösung: 663.
d Bei der Multiplikation der Hunderter- und Zehnerstelle wurde dahinter keine Null gesetzt. Die richtige Lösung ist 5338.

Seite 46

11

a Es werden insgesamt 648 Liter Getränke gekauft. Diese Menge reicht aus, da die 260 Besucher voraussichtlich etwa 520 Liter trinken werden.
b Die Getränke kosten zusammen 334,40 €. Das Rückgeld beträgt 165,60 €.

12

a Die Klammer wurde versetzt. Es ist einfacher, $9 \cdot 285$ zu rechnen, da man hier zuerst $10 \cdot 285$ rechnet und danach von 2850 noch einmal 285 subtrahiert.
b, c individuelle Aufgaben und Lösungen

13

a 180 **b** 210 **c** 2760 **d** 5500 **e** 4200 **f** 3900

14

a

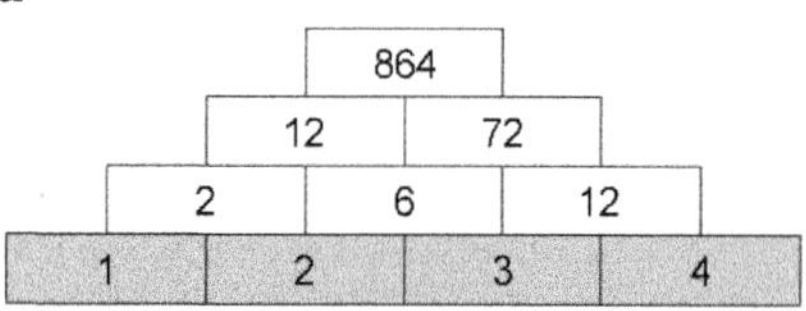

b

2 560 000
800 | 3200
20 | 40 | 80
4 | 5 | 8 | 10

c Wenn sich die Zahlen der untersten Reihe verdoppeln, dann werden die Zahlen der zweiten Reihe vervierfacht, also mit $4 = 2^2$ multipliziert, die Zahlen der dritten Reihe werden mit $16 = 4^2$ multipliziert und die oberste Zahl wird mit $256 = 16^2$ multipliziert.

d Beispiele:

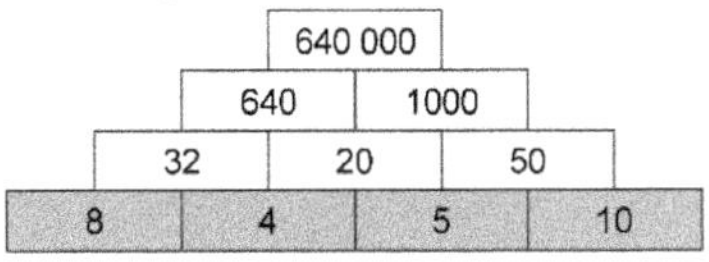

640 000
640 | 1000
32 | 20 | 50
8 | 4 | 5 | 10

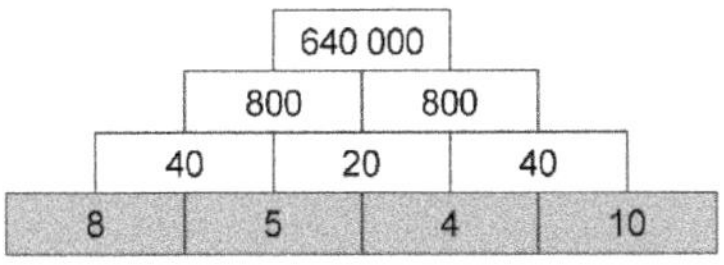

640 000
800 | 800
40 | 20 | 40
8 | 5 | 4 | 10

Die Ergebnisse stimmen danach wieder überein

15

a 213 $\xrightarrow{\cdot 5}$ 1065 $\xrightarrow{\cdot 4}$ 4260 $\xrightarrow{\cdot 5}$ 21 300

Man kann 213 gleich mit 100 multiplizieren, da $5 \cdot 4 \cdot 5 = 100$ ist.

b Man kann jede beliebige Zahl mit 100 multiplizieren.

c individuelle Aufgaben und Lösungen

16

a
```
21 · 47
 84
 147
 987
```

b
```
328 · 47
 1312
  2296
 15416
```

2.5 Potenzen und Quadratzahlen

<u>**Seite 47**</u>

1

Faltvorgänge	0	1	2	3	4	5	6
Papierlagen	1	2	4	8	16	32	64
Rechnung		2	$2 \cdot 2$	$2 \cdot 2 \cdot 2$	$2 \cdot 2 \cdot 2 \cdot 2$	$2 \cdot 2 \cdot 2 \cdot 2 \cdot 2$	$2 \cdot 2 \cdot 2 \cdot 2 \cdot 2 \cdot 2$
als Potenz	2^0	2^1	2^2	2^3	2^4	2^5	2^6

Bei einer Zeitungs-Doppelseite der Größe 70 cm x 50 cm gelingt das Falten achtmal.
Nach dem achten Falten liegen $2^8 = 256$ Seiten aufeinander.

Übungsaufgaben

1

a 2^3 **b** 2^6 **c** 1^7 **d** 3^4 **e** 9^5 **f** 384^3

2

a $5 \cdot 5 = 25$
b $1 \cdot 1 \cdot 1 \cdot 1 = 1$
c $10 \cdot 10 \cdot 10 \cdot 10 \cdot 10 \cdot 10 = 1\,000\,000$
d $24 \cdot 24 \cdot 24 = 13\,824$
e $132 \cdot 132 \cdot 132 = 2\,299\,968$
f $3 \cdot 3 \cdot 3 \cdot 3 \cdot 3 \cdot 3 \cdot 3 = 2187$

<u>**Seite 48**</u>

3

Zahl	1	2	3	4	5	6	7	8	9	10
$(\text{Zahl})^2$	1	4	9	16	25	36	49	64	81	100

Zahl	11	12	13	14	15	16	17	18	19	20
$(\text{Zahl})^2$	121	144	169	196	225	256	289	324	361	400

4 $7^3 = 343$; $9^3 = 729$; $3^4 = 81$; $1^{12} = 1$; $2^7 = 128$; $4^4 = 256$; $11^2 = 121$; $5^3 = 125$

5

a Karl hat Zweiergruppen mit gleichen Faktoren gebildet. Dadurch spart er sich eine Multiplikation.

b $2^4 = 2 \cdot 2 \cdot 2 \cdot 2 = 4 \cdot 4 = 16$
$2^6 = 2 \cdot 2 \cdot 2 \cdot 2 \cdot 2 \cdot 2 = 4 \cdot 4 \cdot 4 = 64$
$4^4 = 4 \cdot 4 \cdot 4 \cdot 4 = 16 \cdot 16 = 256$
$7^4 = 7 \cdot 7 \cdot 7 \cdot 7 = 49 \cdot 49 = 2401$
$3^6 = 3 \cdot 3 \cdot 3 \cdot 3 \cdot 3 \cdot 3 = 9 \cdot 9 \cdot 9 = 729$
$10^4 = 10 \cdot 10 \cdot 10 \cdot 10 = 100 \cdot 100 = 10\,000$
$10^8 = 10 \cdot 10 \cdot 10 \cdot 10 \cdot 10 \cdot 10 \cdot 10 \cdot 10 = 100 \cdot 100 \cdot 100 \cdot 100 = 10\,000 \cdot 10\,000 = 100\,000\,000$
$5^6 = 5 \cdot 5 \cdot 5 \cdot 5 \cdot 5 \cdot 5 = 25 \cdot 25 \cdot 25 = 15\,625$

c Der Exponent muss eine gerade Zahl sein.

6

a Die Potenzschreibweise darf nur bei der Multiplikation gleicher Faktoren verwendet werden. Die richtige Lösung ist $5 \cdot 4 = 20$.

b Basis und Exponent wurden vertauscht. Die richtige Lösung ist $6 \cdot 6 \cdot 6 = 216$.

c Nur Potenzen mit dem Exponenten 2 heißen Quadratzahlen.

d Die Potenz wird vor der Multiplikation gerechnet: $2 \cdot 3^2 = 2 \cdot 9 = 18$.

e Ist die Basis einer Potenz 1, dann ist der Potenzwert ebenso 1.

f Ist der Exponent einer Potenz 0, dann ist der Potenzwert immer 1.

g $2^5 = 2 \cdot 2 \cdot 2 \cdot 2 \cdot 2 = 32$ und $5^2 = 5 \cdot 5 = 25$, also $2^5 > 5^2$.

h $2^4 = 2 \cdot 2 \cdot 2 \cdot 2 = 16$ und $4^2 = 4 \cdot 4 = 16$, also $2^4 = 4^2$.

i Eine solche Vereinfachung ist nicht zulässig: $2^6 - 2^2 = 64 - 4 = 60$, aber $2^4 = 16$.

7

a	$6 \cdot 6 = 6^2$	**e**	$13 \cdot 13 = 13^2$	**i**	$15 \cdot 15 = 15^2$	**n**	$18 \cdot 18 = 18^2$	**r**	$5 \cdot 5 = 5^2$
b	$7 \cdot 7 = 7^2$	**f**	$20 \cdot 20 = 20^2$	**k**	$11 \cdot 11 = 11^2$	**o**	$3 \cdot 3 = 3^2$	**s**	0
c	$10 \cdot 10 = 10^2$	**g**	$4 \cdot 4 = 4^2$	**l**	$9 \cdot 9 = 9^2$	**p**	$19 \cdot 19 = 19^2$	**t**	$16 \cdot 16 = 16^2$
d	$12 \cdot 12 = 12^2$	**h**	$14 \cdot 14 = 14^2$	**m**	$1 \cdot 1 = 1^2$	**q**	$14 \cdot 14 = 14^2$	**u**	$17 \cdot 17 = 17^2$

8

a $3^4 = 81$ Personen

b nach dem 6. Durchlauf: $3^1 + 3^2 + 3^3 + 3^4 + 3^5 + 3^6 = 363 + 729 = 1092$

9

a Das Geld vermehrt sich sehr schnell. Zu seinem 10. Geburtstag würde der Enkel 2^{10} ct = 10,24 € bekommen und zu seinem 16. Geburtstag schon 2^{16} ct = 655,36 €.

b An seinem 12. Geburtstag bekommt er 2^{12} ct = 40,96 €.

10

a Individuelle Lösungen

b Beispiel:

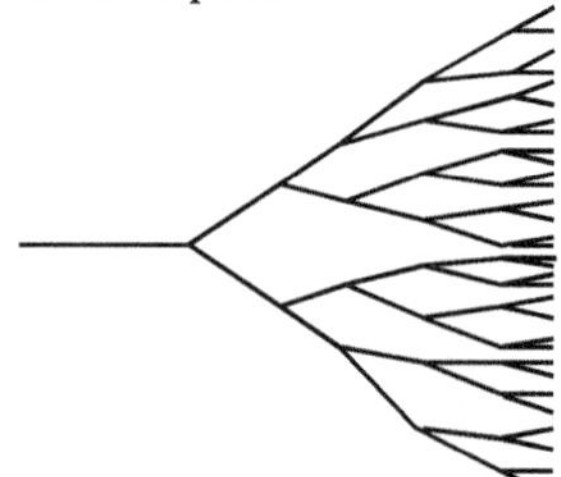

c Nach der fünften Verzweigung hat der Ast $2^5 = 32$ Enden

2.6 Division

Seite 49

Übungsaufgaben

1

a 208 : 12 = 17 Rest 4. Es werden 17 Kästen benötigt, 4 Flaschen bleiben übrig.
b 208 : 9 = 23 Rest 1. Eine Flasche bleibt übrig,

2

a 12 **b** 23 **c** 24 **d** 32 **e** 11 **f** 14 **g** 24 **h** 26 **i** 37

3

a 7 Vierergruppen und eine Dreiergruppe **b** z. B. 3 Fünfergruppen und 4 Vierergruppen

4

a 171 Rest 1
b 137
c 97 Rest 6
d 76 Rest 1
e 52 Rest 9

5

a 760 : 8 = **95**
b 2236 : **86** = 26
c **2912** : 32 = 91
d 2 · **15** · 3 = 90
e (78 : **13**) · 2 = 12
f 672 : (**7** · 3) = 32
g 89 · **35** · 12 = 37 380
h **12** · **12** : 4 = 36

Seite 50

6

36 : 3 = 12	44 : 4 = 11	45 : 5 = 9	55 : 5 = 11	60 : 3 = 20	81 : 3 = 27
36 : 4 = 9	44 : 11 = 4	45 : 9 = 5	55 : 11 = 5	60 : 4 = 15	81 : 9 = 9
36 : 9 = 4	60 : 5 = 12				
36 : 12 = 3	60 : 12 = 5				

7

a 341 **b** 3041 **c** 4301 **d** 3401 **e** 301 **f** 4031

8

a Bei Sammelbestellung kostet ein Zirkel 8 €. **b** Es können 143 € eingespart werden.

9

a 1350 —: 15→ 90 —: 3→ 30 —: 2→ 15 —: 5→ 3
b 4608 —: 4→ 1152 —: 12→ 96 —: 8→ 12 —: 6→ 2
c 61 776 —: 8→ 7722 —: 9→ 858 —: 6→ 143 —: 13→ 11
d 75 600 —: 7→ 10 800 —: 12→ 900 —: 6→ 150 —: 3→ 50

10

a Überschlag: z. B. 40 000 : 5 = 8000; richtige Lösung: 8240
b Jakob hat die letzte Null des Dividenden nicht berücksichtigt.

11

a Franziska hätte als Durchschnitt die Note 4.

b Individuelle Lösungen. Bei der Division könnte das Ergebnis einen Rest haben.

12

a In einer Reihe würden 38 Schüler stehen, dies wäre für ein Foto viel zu breit.

b z. B. 6 Reihen mit jeweils 19 Schülern

c individuelle Lösungen

Seite 51

13

a 64 : 4 = □; □ = 16

b 144 : □ = 6; □ = 24

c 99 999 : 3 = □; □ = 33 333

d 150 : (75 : 3) = □; □ = 6

14

a 21 : 7 = 3; das richtige Ergebnis ist 231.

b Die 0 und die 1 von 6012 wurden nicht durch 6 dividiert. Das richtige Ergebnis ist 1002.

c Die 2 im Ergebnis wurde vergessen. Das richtige Ergebnis ist 652.

15

a 231 oder ein beliebiges anderes Vielfaches von 21

b 315

c 404

16

a Im Durchschnitt wurden täglich 56 km zurückgelegt bei einer Gesamtstrecke von 336 km.

b Bei der Heimfahrt waren die Tagesetappen durchschnittlich ca. 67 km (67,2 km) lang, also etwa 11 km länger.

17

a Ergebnis: 632; Ü: 3000 : 5 = 600

b Ergebnis: 6320; Ü: 30 000 : 5 = 6000

c Ergebnis: 5004; Ü: 30 000 : 6 = 5000

d Ergebnis: 5040; Ü: 30 000 : 6 = 5000

e Ergebnis: 9050; Ü: 63 000 : 7 = 9000

f Ergebnis: 90 005; Ü: 630 000 : 7 = 90 000

18

a 842 : 1 = 842

b 128 : 4 = 32

c 82 : 41 = 2 oder z. B. 1 : 842 = 0 Rest 1

19

a Die Gesamtkosten betragen 21,00 €, jedes Mädchen muss also 7,00 € bezahlen.

b Helen gibt Kim 3,15 € und Mira gibt Kim 2 €.

20

a

```
1 4 7 6 : 1 2 = 1 2 3
1 2
  2 7
  2 4
    3 6
    3 6
      0
```

b

```
5 6 3 2 : 1 1 = 5 1 2
5 5
  1 3
  1 1
    2 2
    2 2
      0
```

21

a Ein Deutscher verbraucht durchschnittlich 125 Liter Wasser pro Tag.

b Der Bodensee könnte die Einwohner Deutschlands 4800 Tage mit Wasser versorgen (ohne Berücksichtigung von Verdunstung und Niederschlag).

2.7 Verbindung der Grundrechenarten

Seite 52

1

a 50 € - 33 € - 2 · 4 € = 9 €. Das Geld reicht.

b Die Rechenbäume ① und ② funktionieren. Bei ① werden die Preise für Bälle und Schläger nacheinander von 50 € subtrahiert. Bei ② wird zuerst der Gesamtpreis berechnet und dann von 50 € abgezogen. Der Rechenbaum ③ funktioniert nicht, da Kathrin für die Bälle nicht 2 € bezahlen muss, sondern 2 · 4 €.

c Rechnung [A] gehört zu Baum ②, Rechnung [B] zu Baum ③ und Rechnung [C] zu Baum ①.

2 Kathrins Mutter führte die Schritte in folgender Reihenfolge aus: Zuerst Punkt- vor Strichrechnung (innerhalb der Klammer), dann Klammer zusammenfassen, dann Differenzwert berechnen.

3 Rechnung [A] gehört zu Baum ②, Rechnung [B] zu Baum ③ und Rechnung [C] zu Baum ①.

[A] 5 · 18 - 15 : 3
= 90 - 5 = 85

②
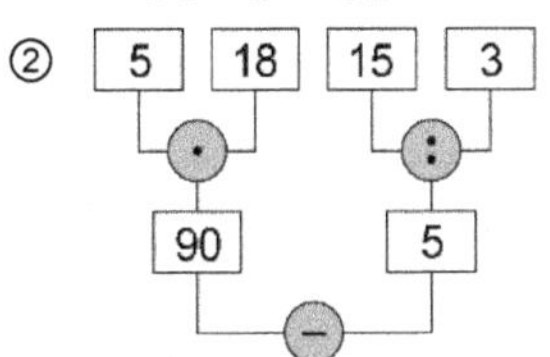

[B] 5 · (18 - 15 : 3)
= 5 · (18 - 5) = 5 · 13 = 65

③
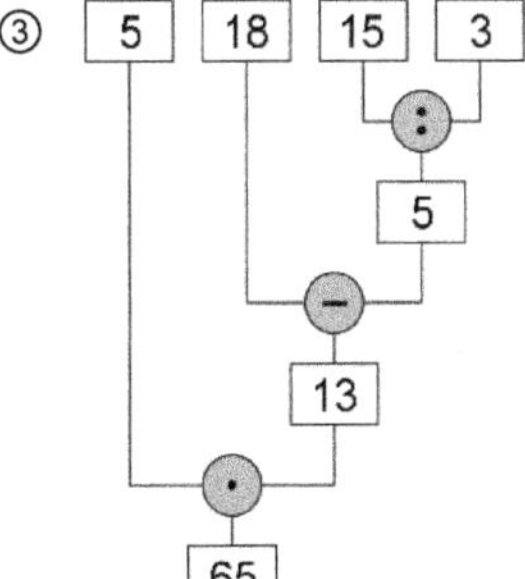

[C] 5 · (18 - 15) : 3
= 5 · 3 : 3 = 15 : 3 = 5

①
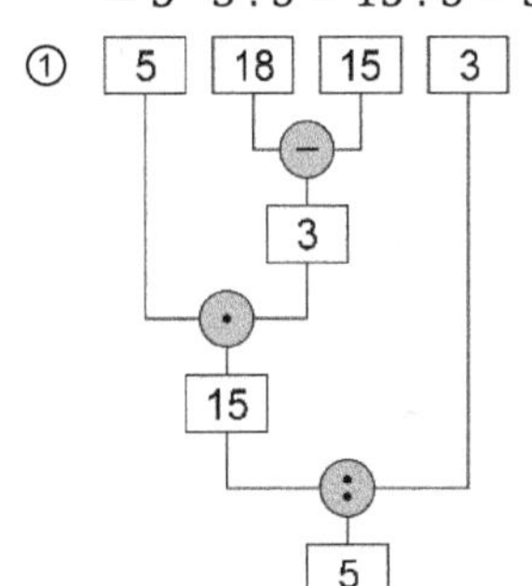

Seite 53

Übungsaufgaben

1

a 30 - 12 : 6 = 30 - 2 = 28

b (56 - 22) : 2 = 34 : 2 = 17

c 13 · 3 + 21 = 39 + 21 = 60

d 130 - 3 · 21 = 130 - 63 = 67

e 15 : 3 + 17 · 6 = 5 + 102 = 107

f 4 · (9 · 20 + 8) = 4 · (180 + 8) = 4 · 188 = 752

2

a (8 + 9 + 12) · 5 = 29 · 5 = 145

b 60 - 3 · 15 = 60 - 45 = 15

c 5 · 12 - 3 · 13 = 60 - 39 = 21

d 150 - 51 : 3 + 11 · 2 = 150 - 17 + 22 = 155

e 195 - 15 · (23 - 13) = 195 - 15 · 10 = 195 - 150 = 45

f (28 - 4 · 3) : (3 · 7 - 19) = (28 - 12) : (21 - 19) = 16 : 2 = 8

3 START → $4 \cdot 17 - 3 = 68 - 3 = 65$
65 → $(9 + 8 \cdot 5) : (15 - 8) = (9 + 40) : 7 = 49 : 7 = 7$
7 → $(17 + 4) \cdot 13 = 21 \cdot 13 = 273$
273 → $9 + 11 \cdot 3 = 9 + 33 = 42$
42 → $(34 + 29) : 3 = 63 : 3 = 21$
21 → $146 - 7 \cdot 14 = 146 - 98 = 48$; Quersumme: $4 + 8 = 12$

4

a $6 \cdot 12 - 3 \cdot 13 = 72 - 39 = 33$ → B
b $58 - 4 \cdot 13 + 7 = 58 - 52 + 7 = 6 + 7 = 13$ → O
c $72 : 9 + 11 \cdot 7 - 23 = 8 + 77 - 23 = 85 - 23 = 62$ → D
d $43 + 7 \cdot (27 : 9 - 3) = 43 + 7 \cdot (3 - 3) = 43 + 7 \cdot 0 = 43$ → E
e $(12 + 13) : 5 - (14 + 16) : 6 = 25 : 5 - 30 : 6 = 5 - 5 = 0$ → N
f $4^2 - 2 \cdot 6 + 20 = 16 - 12 + 20 = 4 + 20 = 24$ → S
g $193 + 7 \cdot 22 - 72 : 4 = 193 + 154 - 18 = 347 - 18 = 329$ → E
h $(15 + 17 \cdot 9) : 4 - 3 = (15 + 153) : 4 - 3 = 168 : 4 - 3 = 39$ → E
i $2^3 + 4^2 + 20 = 8 + 16 + 20 = 24 + 20 = 44$ → U
j $125 \cdot 5 - 350 : 25 = 625 - 14 = 611$ → F
k $3 + 4 \cdot (16 + 5) = 3 + 4 \cdot 21 = 3 + 84 = 87$ → E
l $7 \cdot (60 - 52 + 7) = 7 \cdot (8 + 7) = 7 \cdot 15 = 105$ → R

5 Stefan rechnet die einzelnen Beträge „getrennt“ und addiert sie anschließend. Hanna addiert die monatlichen Beträge und multipliziert anschließend. Beide kommen zum gleichen Ergebnis: 36 €.

6

a $3 \cdot 65$ ct $+ 5 \cdot 65$ ct $= (3 + 5) \cdot 65$ ct $= 520$ ct $= 5{,}20$ €
b $23 \cdot 150$ ct $+ 26 \cdot 150$ ct $+ 28 \cdot 150$ ct $= (23 + 26 + 28) \cdot 150$ ct $= 11\,550$ ct $= 115{,}50$ €
c Derzeit stehen 37 Weihnachtsbäume auf dem Grundstück;, bei vollständiger Bepflanzung sind es dann: $8 \cdot 13 + 8 \cdot 9 = 104 + 72 = 176$ Weihnachtsbäume.
d $8 \cdot 400$ m $+ 4 \cdot 400$ m $= (8 + 4) \cdot 400$ m $= 4800$ m

Seite 54

7

a $(4 + 12) \cdot 15 = 4 \cdot 15 + 12 \cdot 15 = 60 + 180 = 240$ (Verteilungsgesetz anwenden)
b $33 \cdot (20 - 3) = 33 \cdot 20 - 33 \cdot 3 = 660 - 99 = 561$ (Verteilungsgesetz anwenden)
c $(64 - 20) : 4 = 44 : 4 = 11$ (Klammer zuerst berechnen)
d $(400 + 9) \cdot 5 = 400 \cdot 5 + 9 \cdot 5 = 2000 + 45 = 2045$ (Verteilungsgesetz anwenden)

8

a $4 \cdot (28 + 32) = 4 \cdot 60 = 240$
b $(29 - 9) \cdot 8 = 20 \cdot 8 = 160$
c $(425 + 575) : 5 = 1000 : 5 = 200$
d $3 \cdot (301 - 1) = 3 \cdot 300 = 900$

9

a $8 \cdot 125 + 4 \cdot 125 = 1000 + 500 = 1500$
b $22 \cdot (5 - 3) = 22 \cdot 2 = 44$
c $96 \cdot (95 + 5) = 96 \cdot 100 = 9600$
d $140 : 5 + 60 : 5 = (140 + 60) : 5 = 200 : 5 = 40$

10

a $(5 + 3) \cdot 12 = 5 \cdot 12 + 3 \cdot 12 = 60 + 36 = 96$

b $27 \cdot (4 - 2) = 27 \cdot 4 - 27 \cdot 2 = 108 - 54 = 54$; einfacher: $27 \cdot (4 - 2) = 27 \cdot 2 = 54$ (Klammer zuerst)

c $75 \cdot 75 + 75 \cdot 25 = 75 \cdot (75 + 25) = 75 \cdot 100 = 7500$

d Beim Rechnen mit dem Verteilungsgesetz ist es egal, ob wir zuerst ausklammern [ausmultiplizieren] oder erst ausmultiplizieren [ausklammern]. Beide Rechenwege führen zum gleichen Ergebnis. Wie man rechnet, hängt einerseits von den Zahlen, andererseits von der Rechenvorliebe ab.

11

a $60 : 12 + 32 - 17 = 5 + 32 - 17 = 20$

b $144 - 77 : 11 + 3 \cdot 13 = 144 - 7 + 39 = 176$

c $537 + 56 : 4 - 9 \cdot 3 = 537 + 14 - 27 = 524$

d $222 + 81 : 9 - 3^2 = 222 + 9 - 9 = 222$

e $15 \cdot (4 + 3 \cdot 2) - 8 = 15 \cdot 10 - 8 = 150 - 8 = 142$

f $4^3 + 3^2 \cdot 21 = 64 + 9 \cdot 21 = 64 + 189 = 253$

g $(12 \cdot 11 - 1) \cdot 3 + 18 : 3 = 131 \cdot 3 + 6 = 399$

12

a $54 + [270 - (350 - 210)] = 54 + [270 - 140] = 54 + 130 = 184$

b $400 - [300 - (90 + 21) - 99] \cdot 3 = 400 - [300 - 111 - 99] \cdot 3 = 400 - 90 \cdot 3 = 400 - 270 = 130$

c $[(8 \cdot 7 + 34) : 10 + (74 - 4 \cdot 16)] - 13 = [90 : 10 + 10] - 13 = [9 + 10] - 13 = 19 - 13 = 6$

d $[(112 - 98) : 2 + (33 + 77) : 5] + 199 = [14 : 2 + 110 : 5] + 199 = [7 + 22] + 199 = 29 + 199 = 228$

Seite 55

13

a $(47 + 3) \cdot 10 = 50 \cdot 10 = 500$

b $(17 + 11) \cdot (3 - 2) = 28 \cdot 1 = 28$ oder $17 + 11 \cdot (3 - 2) = 17 + 11 \cdot 1 = 17 + 11 = 28$

c $(134 + 7 \cdot 3) : 5 - 9 = 155 : 5 - 9 = 31 - 9 = 22$

d $(166 - 45) : (5 \cdot 2 + 1) = 121 : 11 = 11$

14

a Übertragungsfehler – alles, was nicht berechnet wurde, stets mitführen:
$102 : 6 + 7 - 3 \cdot 5 = 17 + 7 - \mathbf{3 \cdot 5} = 24 - 3 \cdot 5 = 24 - 15 = 9$

b Die Regel „Punkt vor Strich" wurde nicht beachtet. Korrektur: $96 : 3 - 2 \cdot 10 = 32 - 20 = 12$

15

a $300 + 13 \cdot 7 = 300 + 91 = 391$

b $(56 + 14) : (15 - 10) = 70 : 5 = 14$

16

a Gesamtpreis der Klassenfahrt: $28 \cdot (12\,€ + 5\,€) = 28 \cdot 17\,€ = 476\,€$
Die gesamte Klassenfahrt kostet 476 €. Überschlag: $30 \cdot 16\,€ = 480\,€$.

b Preis pro Schüler: $28 \cdot 12\,€ : (28 - 4) + 5\,€ = 336\,€ : 24 + 5\,€ = 14\,€ + 5\,€ = 19\,€$
Von jedem teilnehmenden Schüler müssen noch 2 € eingesammelt werden.

17 Anzahl der freien Plätze: $1695 - 264 - 4 \cdot 264 - 153 = 1695 - 5 \cdot 264 - 153 = 1695 - 1473 = 222$
Im Kino bleiben noch 222 Plätze frei.

18

a $682 - 92 : 2 = 682 - 46 = 636$

b $12 \cdot 20 - 12 \cdot 11 = 12 \cdot (20 - 11) = 12 \cdot 9 = 108$

c $(8 + 24 \cdot 65) : (48 - 32) = (8 + 1560) : 16 = 1568 : 16 = 98$

19 Beispiele:

a Subtrahiere von der Zahl 376 das Produkt aus 14 und 6.
$376 - 14 \cdot 6 = 376 - 84 = 292$

b Addiere zum Quotienten der Zahlen 98 und 14 das Produkt aus 3 und 13.
$98 : 14 + 3 \cdot 13 = 7 + 39 = 46$

c Dividiere die Summe aus der Zahl 7 und dem Produkt aus 6 und 8 durch die Zahl 11.
$(7 + 6 \cdot 8) : 11 = (7 + 48) : 11 = 55 : 11 = 5$

20 Beispiele:

a $8 \cdot (9 + 6) - 4 : 2 = 118$; $9 \cdot (8 + 6) - 4 : 2 = 124$; $9 \cdot (8 + 6) - 2 : 4 = 125{,}5$

b $9 - (2 \cdot 4 : 8 + 6) = 2$; $4 - (2 \cdot 9 + 6) : 8 = 1$; $(2 + 6 - 8) \cdot 9 : 4 = 0$

c $(9 + 8) \cdot 6 - 4 : 2 = 100$

21 Beispiele:

$0 = 4 - 4 + 4 - 4$
$1 = (4 + 4) : (4 + 4)$
$2 = 4 : 4 + 4 : 4$
$3 = (4 + 4 + 4) : 4$
$4 = (4 - 4) \cdot 4 + 4$
$5 = (4 \cdot 4 + 4) : 4$
$6 = (4 + 4) : 4 + 4$
$7 = 4 + 4 - 4 : 4$
$8 = 4 + 4 + 4 - 4$

2.8 Teiler und Vielfache

Seite 56

Geometrisches Modell: Das Rechteck besteht aus 15 kleinen Quadraten und wird durch eine geeignete Unterteilung jeweils in Gruppen zu 5, 3, 1 und 15 unterteilt.

Übungsaufgaben

1

a $T_{12} = \{1;2;3;4;6;12\}$

b $V_5 = \{5;10;15;20;25;.....\}$

c $T_{30} = \{1;2;3;5;6;10:15:30\}$

d $V_{12} = \{12;24;36;48;....\}$

e $T_{24} = \{1;2;3;4;6;8;12;24\}$

f $V_{30} = \{30;60;90;120;.....:\}$

g $T_2 = \{1;2\}$

h $V_{24} = \{24;48;72;96;120;....\}$

i $T_{19} = \{1;19\}$

2

a Die Zahlen 1, 35 und 47 sind keine Vielfachen von 12. Richtigstellung: $V_{12} = \{12;24;36;48;60;.....\}$.

b Die Zahlen 12, 23 und 128 sind keine Teiler von 64. Richtigstellung: $T_{64} = \{1;2;4;8;16;32;64\}$.

2.9 Teilbarkeit

Seite 57

a Die Zahlen 84, 26 und 348 können im ersten Behälter untergebracht werden, 10, 235 und 685 kommen in den zweiten Behälter, 20, 90, 130 und 740 und die zweite vorkommende 10 landen im dritten Behälter und im letzten findet noch die 500 Platz.

b In den einzelnen Behältern sind Zahlen, die zu den jeweiligen Vielfachenmengen von 2, 5, 10 und 100 gehören.

c Einige Bälle können auch in andere Behälter kommen, da diese Zahlen jeweils zu verschiedenen Vielfachenmengen gehören. Im ersten Behälter finden sich nur gerade Zahlen, im zweiten sind es Zahlen, deren letzte Ziffer immer eine 5 oder 0 ist, im dritten Behälter sind nur Zahlen, deren letzte Ziffer eine 0 ist.

d Dort finden alle Vielfachen von 100 Platz, alles Zahlen, bei denen die letzten beiden Ziffern 0 sind.

Übungsaufgaben

1 2, 4, 6, 8 und 0

2

a Teilbar nur durch 5.

b Weder durch 5 noch durch 10 teilbar.

c Teilbar durch 5 und 10.

3

a 5

b 5, 10

c 5, 10, 100

d nicht teilbar

e 5

f 5, 10, 100

g 5

h 5, 10

i 5, 10, 100

4 Dazu gehören alle natürlichen Zahlen mit ungeraden Endziffern außer 5 und 0, also:
n ∈ {71;73;77;79;81;83;87;89;91;93;97;99}

Seite 58

5

512 084, 512 048, 512 840, 512 480, 124 508, 124 580, 458 012, 458 120, 580 124, 104 528, 580 412, 104 852, 125 480, 125 084, 125 048, 125 840, 104 528, 104 852, 120 548, 120 584;
Darüber hinaus sind noch weitere Permutationen der ersten 4 Ziffern möglich.

6

a ①: 22**0**, 22**4**, 22**8** ; ②: 65**2**, 65**6** ; ③: 80**0**, 80**4**, 80**8**; ④: 1 68**0**, 1 68**4**, 168**8**; ⑤: 29 0**04**, 290 0**12**; 29 0**24** , 29 0**44**, 29 0**64**, 29 0**84**; ⑥: 34 9**12**, 34 9**32**, 34 9**52**, 34 9**72**, 34 9**92** ;

b ①: 22**2**, 22**6** ; ②: 65**0**, 65**4**, 65**8** ; ③: 80**2**, 80**6** ; ④: 1 68**2**, 1 68**6** ;
⑤: 29 0**14**, 29 0**34**, 29 0**54**, 28 0**74**, 29 0**94** ; ⑥: 34 9**02**, 34 9**22**, 34 9**42**, 34 9**62**, 34 9**82** ;

c ①: 22**0** ; ②: keine Endziffer möglich; ③: 80**0** ; ④: 1 68**0** ; ⑤: nicht möglich; ⑥: nicht möglich;

7

a Zutreffend, da 2 ein Teiler von 4 ist. Individuelle Beispiele, etwa 44.

b Nicht zutreffend (10 enthält auch noch den Teiler 2.). Gegenbeispiel: 1 210 ist durch 5 und 10, aber nicht durch 50 teilbar.

c Zutreffend, weil die letzten beiden Ziffern dann ein Vielfaches von 20 bilden.
Beispiel: 120, 140, 160, 180, ……

8

a 990 und 100

b 980 und 100

9

a teilbar durch 3 und 9
b teilbar durch 3
c nicht teilbar, weder durch 3 noch durch 9

10

a teilbar durch 3 und 9
b weder durch 3 noch durch 9 teilbar
c teilbar durch 3
d teilbar durch 3 und durch 9
e teilbar durch 3 und durch 9
f teilbar durch 3
g weder durch 3 noch durch 9 teilbar
h teilbar durch 3 und durch 9
i teilbar durch 3

11

a

Zahl	21□	8□5	32□7	496□
mögliche Ziffern	0; 3; 6; 9	2; 5; 8	0; 3; 6; 9	2; 5; 8

b

Zahl	62□3	89□4	10 □07	23 45□
mögliche Ziffern	7	6	1	4

c

Zahl	17□	25□	8□8	2□45
mögliche Ziffern	4; 7	5; 8	5; 8	1; 4

12

a 1008 und 9999
b 1002 und 9996

13 Eine Zahl ist durch 6 teilbar, wenn sie durch 2 und 3 gleichzeitig teilbar ist.
Ihre Quersumme muss dann durch 3 teilbar sein, und die Endziffer muss gerade sein.
Individuelle Lösungen, Beispiele: 48, 132, 222, 1098, 1032;

14 Beispiele:

a 72
b 3240
c 10 050

2.10 Primzahlen

Seite 59

a Argumente für die Diskussion: Sehr viele Behälter werden notwendig. Es befindet sich dann jeweils nur ein Ball in einem Behälter.
Demgegenüber kann ein einziger Behälter alle Bälle enthalten, weil alle diese natürlichen Zahlen durch 1 teilbar sind.

b Jeder Behälter enthält dann nur eine der angebotenen Zahlen.

Übungsaufgaben

1 Jede Primzahl hat 2 Teiler, nämlich 1 und sich selbst. Die Zahl 1 hat nur sich selbst als Teiler, als neutrales Element der Multiplikation kann sie also keine Primzahl sein. Die Zahl 2 dagegen hat wiederum 1 und 2 als Teiler, ist also eine Primzahl.

2

a 23 ist eine Primzahl
b 46 ist keine Primzahl (Teiler 2)
c 39 ist keine Primzahl (Teiler 3)
d 45 ist keine Primzahl (Teiler 3,5,9)
e 59 ist eine Primzahl
f 61 ist eine Primzahl
g 78 ist keine Primzahl (Teiler 2)
i 110 ist keine Primzahl (Teiler 2, 5)

3 Sieb des Eratosthenes: Teilaufgaben **a** – **e** (Primzahlen hervorgehoben)

1	**2**	**3**	4	**5**	6
7	8	9	10	**11**	12
13	14	15	16	**17**	18
19	20	21	22	**23**	24
25	26	27	28	**29**	30
31	32	33	34	35	36
37	38	39	40	**41**	42
43	44	45	46	**47**	48
49	50	51	52	**53**	54
55	56	57	58	**59**	60
61	62	63	64	65	66
67	68	69	70	**71**	72
73	74	75	76	77	78
79	80	81	82	**83**	84
85	86	87	88	**89**	90
91	92	93	94	95	96
97	98	99	100		

In den Spalten 2 (Ausnahme 2), 3, 4 und 6 können keine Primzahlen vorkommen! (Teilbarkeit)

e Es gibt 25 Primzahlen innerhalb des Intervalls $]1;100[_{\mathbb{N}}$

Seite 60

4 kleinste zweistellige Primzahl: 11; größte zweistellige Primzahl: 97 ;
kleinste dreistellige Primzahl: 101; größte dreistellige Primzahl: 997.

5

a

101	**5**	71
29	**59**	89
47	113	**17**

b

3	61	**19**	**37**
43	**31**	**5**	**41**
7	**11**	73	29
67	**17**	23	**13**

6

a Falsch. Ausnahme: 2 (Nur eine Ausnahme!)
b Richtig. Die Zahlen 2 und 3.
c Richtig. 53 und 3 sind gemeint.
d Richtig. $31 + 37 + 41 + 43 + 47 = 199$.

7 Weitere Beispiele: $13 \leftrightarrow 31$; $17 \leftrightarrow 71$; $37 \leftrightarrow 73$; $79 \leftrightarrow 97$; $107 \leftrightarrow 701$; $113 \leftrightarrow 311$; ......

8
a Beispiele: (5;7) , (11;13) , (17;19) , (29;31) , (41;43) , (59;61) , (71;73) ....
b Mit (3;5) und den in (a) angeführten sind es zusammen 8 Primzahlenzwillinge.

9 Jede natürliche Zahl kann als Produkt aufgefasst werden, dessen Faktoren Primzahlen sind. (Primfaktoren) Man dividiert eine natürliche Zahl durch die aufsteigende Reihe der Primzahlen so lange, bis als Wert des Quotienten nur noch eine Primzahl übrigbleibt. So lassen sich alle natürlichen Zahlen, die keine Primzahlen sind aus Primfaktoren aufbauen.

$14 = 2 \cdot 7$	$18 = 2 \cdot 3^2$	$22 = 2 \cdot 11$
$15 = 3 \cdot 5$	19 ist eine Primzahl	23 ist eine Primzahl
$16 = 2^4$	$20 = 2^2 \cdot 5$	$24 = 2^3 \cdot 3$
17 ist eine Primzahl	$21 = 3 \cdot 7$	$25 = 5^2$

10
a Zwischen 50 und 100 liegen 10 Primzahlen p ($p \in P$). Jede natürliche Zahl $n \notin P$ lässt sich in mindestens 2 Primfaktoren zerlegen. Aus dem gegebenen Intervall gibt es mehrere Beispiele;
$58 = 2 \cdot 29$, $65 = 5 \cdot 13$, $69 = 3 \cdot 23$, $85 = 5 \cdot 17$, $74 = 2 \cdot 37$;
b Beispiele (für unterschiedliche Primfaktoren):
$2 \cdot 3 \cdot 11 = 66$, $2 \cdot 5 \cdot 7 = 70$, $2 \cdot 3 \cdot 13 = 78$, $2 \cdot 3 \cdot 11 = 66$; Kombinationen aus Potenzen von Primzahlen sind ebenfalls möglich: $3^2 \cdot 7 = 63$; $3^2 \cdot 11 = 99$; $2^2 \cdot 13 = 78$; (weiter Beispiele)
c Für unterschiedliche Primfaktoren gibt es kein Beispiel, weil das Produkt der ersten 4 Primfaktoren bereits größer als 100 ist: $2 \cdot 3 \cdot 5 \cdot 7 = 210$. Für wenigstens zwei gleiche Primfaktoren gibt es aber durchaus Möglichkeiten, z.B. $2 \cdot 2 \cdot 3 \cdot 5 = 60$ und mehrere weitere Produkte, nach individueller Gestaltung.

11 Simon und Martin haben beide die richtige Primfaktorenzerlegung gefunden. Man könnte die Reihe der Faktoren noch ordnen und die Potenzschreibweise verwenden:
$360 = 2^3 \cdot 3^2 \cdot 5$

2.11 ggT und kgV

Seite 61

1 Die Mädchen könnten sich alle 60 Tage wieder im Kino treffen.

2 3 oder 9 Gummibärchen kommen in Frage, da die Teiler 3 und 9 in allen drei Teilermengen enthalten sind. 9 Gummibärchen würde dann die größtmögliche Anzahl pro Tüte bedeuten.

Übungsaufgaben

1

a	kgV = 18	**e**	kgV = 15	**i**	kgV = 60	**n**	kgV = 18
b	ggT = 2	**f**	ggT = 2	**k**	kgV = 12	**o**	ggT = 1
c	kgV = 30	**g**	kgV = 30	**l**	ggT = 5	**p**	kgV = 180
d	ggT = 4	**h**	kgV = 12	**m**	ggT = 1		

2

a	kgV = 120	**d**	ggT = 20	**g**	kgV = 350	**k**	ggT = 1
b	ggT = 12	**e**	ggT = 8	**h**	ggT = 5	**l**	kgV = 216
c	kgV = 60	**f**	kgV = 144	**i**	ggT = 45	**m**	kgV = 720

<u>**Seite 62**</u>

3

a $16 = 2^4 \mid 36 = 2^2 \cdot 3^2$; $ggT = 2^2 = 4$ **b** $8 = 2^3 \mid 34 = 2 \cdot 17$; $ggT = 2^1 = 2$

c $121 = 11^2 \mid 144 = 2^4 \cdot 3^2$; hier gibt es keine gemeinsamen Primfaktoren: ggT = 1

d $7 = 7^1 \mid 28 = 2^2 \cdot 7 \mid 54 = 2^3 \cdot 7$; ggT = 7

e $72 = 2^3 \cdot 3^2 \mid 96 = 2^5 \cdot 3 \mid 128 = 2^7$; $ggT = 2^3 = 8$;

f $54 = 2 \cdot 3^3 \mid 90 = 2 \cdot 3^2 \cdot 5 \mid 126 = 2 \cdot 3^2 \cdot 7$; $ggT = 2 \cdot 3^2 = 18$;

4

a □ ∈ { 5;10; 20; 25; 35; 40; 50; 55; 65; ...... } (Vielfache von 5 ohne 15)

b □ = 13 **c** □ = 360 **d** □ = „ggT"

5 Die quadratischen Teile müssen eine Kantenlänge von 48 mm haben. (ggT(192,144) = 48)

6

a	(2,4)	**d**	(10,30)	**g**	(120,240)
b	(5,10)	**e**	(13,26)	**h**	(960,1920)
c	(8,16)	**f**	(17,34)	**i**	(81,162)

Weitere Beispiele durch Multiplikation der Zahlen mit anderen Primfaktoren möglich.

7

a Zweistellige Primzahl Beispiel: 23. ⇒ ggT(46,69,92) = 23;
Beispiel: 37, ⇒ ggT(74,333,407) = 37;
Primzahl: 53, Primfaktoren ⇒ ggT(106,424,477) = 53
Es sind viele weitere Beispiele möglich.

b Vielfache sind $n \cdot 3$, für $n \in \{1, 2, 3, 4, 5, 7, 8, 9, 10 ...\}$;
$ggT(n \cdot 3, n \cdot 6) = n \cdot 3$; (für $n \in \mathbb{N}$); ggT(6,12) = 6; ggT(9,18) = 9; ggT(12,24) = 12; ...
Es sind viele weitere Beispiele sind möglich.

c Hier können alle Primzahlen genommen werden: ggT(a,b) = 1 für a,b $\in$ P)
Beispiele: ggT(2;3) = 1 = ggT(3;5) = 1 = ggT(5;7) = 1 =...
viele weitere Beispiele möglich.

8

a $9 = 3^2$ / $12 = 2^2 \cdot 3$; kgV(9,12) = 36

b $8 = 2^3$ / $20 = 2^2 \cdot 5$; kgV(8,20) = 40

c $16 = 2^4$ / $24 = 2^3 \cdot 3$; kgV(16,24) = 48

d $28 = 2^2 \cdot 7$ / $63 = 3^2 \cdot 7$; kgV(28,63) = 252

e $35 = 5 \cdot 7$ / $56 = 2^3 \cdot 7$; kgV(35,56) = 280

f $60 = 2^2 \cdot 3 \cdot 5$ / $75 = 3 \cdot 5^2$;
kgV(60,75) = 300

g $4 = 2^2$ / $12 = 2^2 \cdot 3$ / $60 = 2^2 \cdot 3 \cdot 5$;
kgV(4,12,60) = 60

h $9 = 3^2$ / $25 = 5^2$ / $30 = 2 \cdot 3 \cdot 5$;
kgV(9,25,30) = 450

i $10 = 2 \cdot 5$ / $15 = 3 \cdot 5$ / $27 = 3^3$;
kgV(10,15,27) = 270

9

a (f) Der ggT zweier Primzahlen <u>muss</u> immer 1 sein, weil zwei verschiedene Primzahlen immer teilerfremd sind.
Beispiel: ggT(2,3) = 1

b (w) Das kgV zweier Primzahlen ist gleich ihrem Produkt, weil jede Primzahl aus einem Produkt besteht, das außer 1 nur sie selbst als Faktor enthält.
Beispiel: kgV(3,7) = 21

c (f) Die betrachteten Zahlen müssen nicht notwendigerweise Primzahlen sein.
Gegenbeispiel: ggT(4,12,20,22) = 2

10

a $\square = 2 \cdot 2 \cdot 2 \cdot \square = \square \cdot 5^2$; mögliche Lösung: <u>**200**</u> $= 2 \cdot 2 \cdot 2 \cdot$ <u>**25**</u> = <u>$\mathbf{2^3}$</u> $\cdot\, 5^2$

b $\square = \square \cdot 5^2 = 3 \cdot \square$; mögliche Lösung: <u>**75**</u> = <u>**3**</u> $\cdot\, 5^2 = 3 \cdot$ <u>**25**</u>

c $\square(\square,\square) = \square \cdot \square = 600$; mögliche Lösung <u>**ggT**</u>(<u>**1200**</u> , <u>**1800**</u>) = **3** $\cdot$ **200** = 600; viele andere Beispiele sind möglich.

2.14 Mehr zum Thema: Mathemagisches

Seite 68

Magische Quadrate

Beispiel:

2	9	4
7	5	3
6	1	8

Der kleine Herr Gauß

Carl Friedrich Gauß rechnete so:

$1 + 2 + 3 + 4 + 5 + 6 + ... + 100$ | Vertauschungsgesetz anwenden

$= 1 + 100 + 2 + 99 + 3 + 98 + ... + 50 + 51$ | Verbindungsgesetz anwenden

$= (1 + 100) + (2 + 99) + (3 + 98) + ... + (50 + 51)$ | Klammern zuerst berechnen

$= 101 + 101 + 101 + ... + 101$ (50 Summanden) | Summe als Produkt schreiben

$= 50 \cdot 101$ | Produkt berechnen

$= 5050$

Murmelgeheimnis

Die Anzahl der Murmeln lässt bei Division durch 2, 3, 4, 5 und 6 jeweils den Rest 1. Der Vorgänger der Murmelanzahl ist also durch alle diese Zahlen teilbar. Eine Zahl, die durch 3, durch $4 = 2 \cdot 2$ und durch 5 teilbar ist, ist auch durch $3 \cdot 2 \cdot 2 \cdot 5 = 60$ teilbar, da die Primfaktoren 3, 2, 2 und 5 in ihr enthalten sein müssen. Eine durch 60 teilbare Zahl ist auch stets durch 2 und durch 6 teilbar.
Der Vorgänger der Murmelanzahl muss außerdem im Bereich von 320 bis 398 liegen. Von den Zahlen dieses Bereichs ist nur die 360 durch 60 teilbar; die beiden dieser Zahl am nächsten liegenden Vielfachen von 60 (300 und 420) liegen bereits außerhalb des genannten Bereichs.
Der Vorgänger der Murmelanzahl kann also nur die Zahl 360 sein. Claire besitzt folglich 361 Murmeln.

Probe:
$361 : 2 = (360 + 1) : 2 = 180$ Rest 1
$361 : 3 = (360 + 1) : 3 = 120$ Rest 1
$361 : 4 = (360 + 1) : 4 = 90$ Rest 1
$361 : 5 = (360 + 1) : 5 = 72$ Rest 1
$361 : 6 = (360 + 1) : 6 = 60$ Rest 1

Die Probe bestätigt die Richtigkeit der Lösung.

3 Ganze Zahlen

3.1 Ganze Zahlen an der Zahlengeraden

Seite 70

1

a Die Temperaturen sind in Grad Celsius angegeben.

b

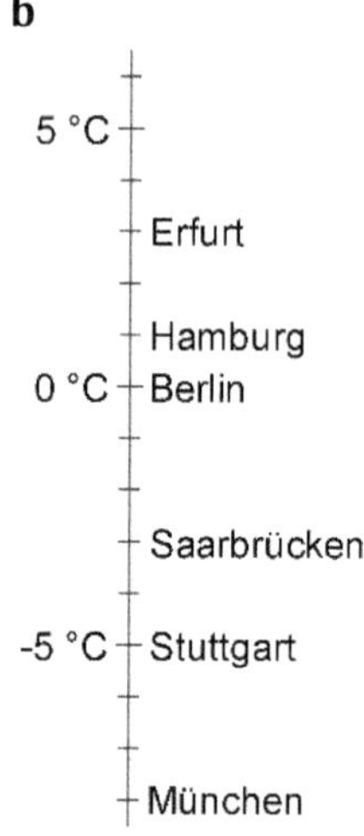

c Die negativen Zahlen sind neu hinzugekommen.

Übungsaufgaben

1 Beispiele: Temperaturskala (in Celsius, Reaumur, Fahrenheit); Kontostände; Höhenangaben; Koordinatenangaben (z. B. Erdkoordinaten)

2

Vorgänger	–1	–2	–12	–30	–101	–156	–1000
gegebene Zahl	0	–1	–11	–29	–100	–155	–999
Nachfolger	1	0	–10	–28	–99	–154	–998

3 $-19 < -11 < -9 < 9 < 11 < 19$

4

a

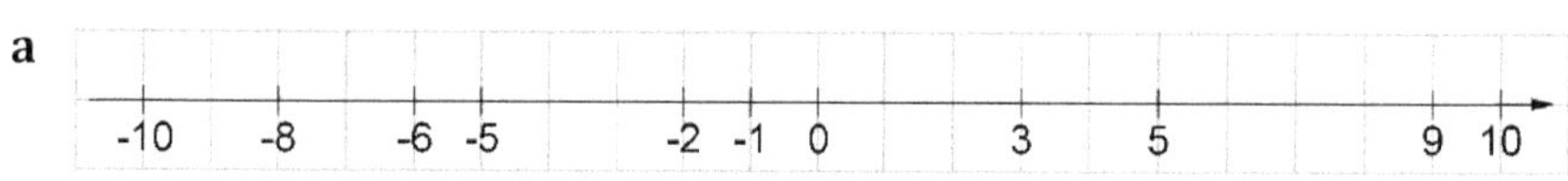

b $-3 > -10$; $-3 > -8$; $-3 > -6$; $-3 > -5$; $-3 < -2$; $-3 < -1$; $-3 < 3$; $-3 < 5$; $-3 < 9$; $-3 < 10$

Seite 71

5

a –20 °C **b** 45 °C **c** –4 °C **d** –50 °C **e** 13 °C

6

a A = –5; B = –1; C = 0; D = 7; E = 9
b A = –170; B = –110; C = –80; D = –30; E = 20; F = 90
c A = –120; B = –95; C = –70; D = –65; E = –55

7

a Sie fahren fünf Stockwerke nach unten.
b EG: Erdgeschoss, Zahl 0; UG: Untergeschoss; UG1: erstes Untergeschoss, Zahl –1

8 Der Taucher befindet sich 5 m unterhalb der Wasseroberfläche (in der Höhe –5 m).
Der Vogel fliegt 7 m über der Wasseroberfläche (in der Höhe +7 m).

9

a +3 **b** –19 °C **c** –3 **d** –180 m **e** –12 € **f** +23 °C

10 Viktoria hat 143 € angespart. Sie hat ein Guthaben von 143 €. Auf ihrem Konto ist ein positiver Betrag von +143 € vermerkt.
Johanna hat ihr Konto um 247 € überzogen. Sie hat 247 € Schulden an die Bank. Auf ihrem Konto ist ein negativer Betrag von –247 € vermerkt.
Soll–Angaben können mit negativen Zahlen, Haben–Angaben können mit positiven Zahlen dargestellt werden.

3.2 Betrag und Gegenzahl ganzer Zahlen

Seite 72

Vergleichen der Beträge des Abstandes zur Zielkugel bestätigt: Sabrina und Robin haben beide gewonnen–

Übungsaufgaben

1

Name	Frieder	Elke	Lilli	Sabine	Chris	Freddy	Lars	Eddie	Anne
Differenz	|356|	|–267|	|69|	|458|	|–458|	|–71|	|83|	|–154|	|110|
Betrag	356	267	69	458	458	71	83	154	110

Gewinner ist Lilli, die weitere Reihenfolge ist:
Lilli < Freddy < Lars < Anne < Eddie < Elke < Frieder < Sabine = Chris

2 +3 und –3; +4 und –4; +5 und –5; +14 und –14; +15 und –15; +27 und – 27; +45 und –45; +125 und –125; +575 und –575;

Seite 73

3

a 7 **c** 73 **e** 111 **g** 968 **i** 5741
b 9 **d** 85 **f** 462 **h** 1620

4

a $-3 > -7$

b $4 < |-5|$

c $|-6| < 9$

d $|-13| = 13$

e $|+35| > |-21|$

f $-49 < |+57|$

g $-119 > -143$

h $|-659| > |-318|$

5

a $4 + |-5| = 9$

b $|-7| - 6 = 1$

c $|8 - 4| = 4$

d $|-21| - |+10| = 11$

e $55 - |-42| = 13$

f $|-71| + 25 - |-14| = 71 + 25 - 14 = 82$

6 $-43 < -34 < -3 < |+13| < |-23| < |-30| < +33 < |-53|$

7

a $\square = 0$

b $\square \in \{-15;15\}$

c $\square \in \{-120;120\}$

d $\square = 0$

e $\square \in \{-3;-2:-1:0;1;2;3\}$

f $\square \in \mathbb{Z} \setminus [-10;10]_{\mathbb{Z}}$

8

a

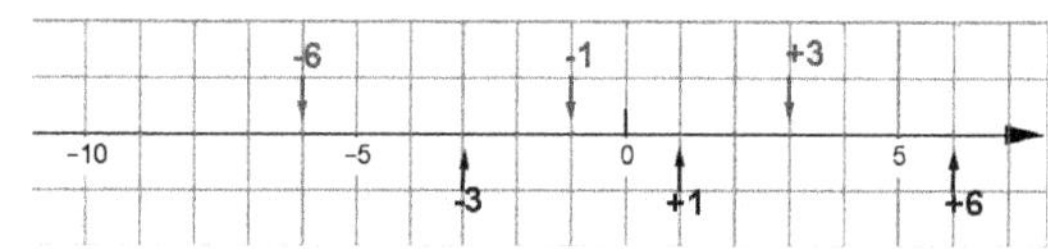

b

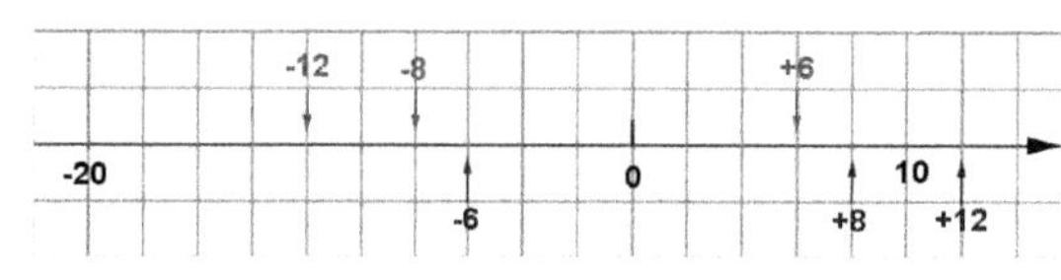

c

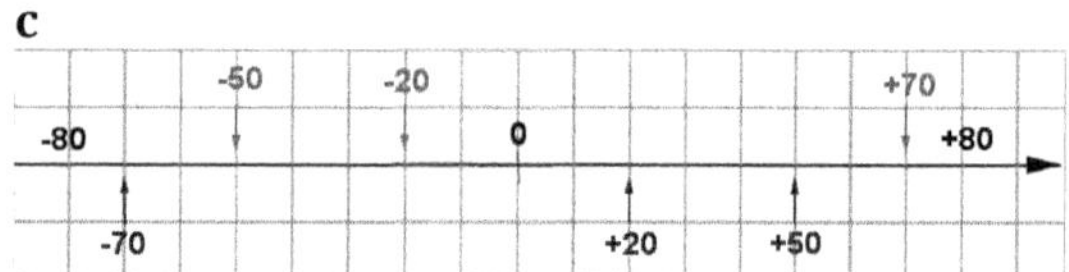

(Gegenzahlen unterhalb der Zahlengeraden.)

9

a

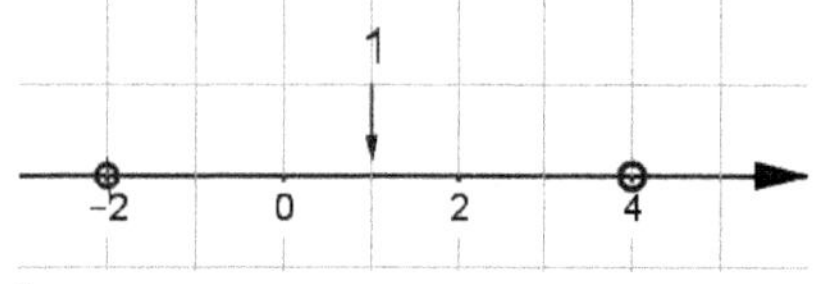

b

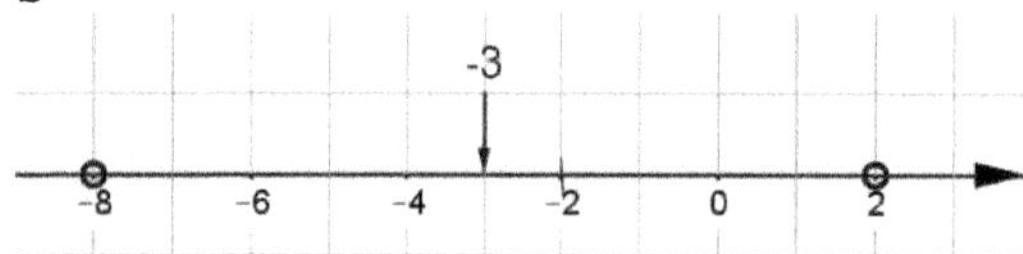

c

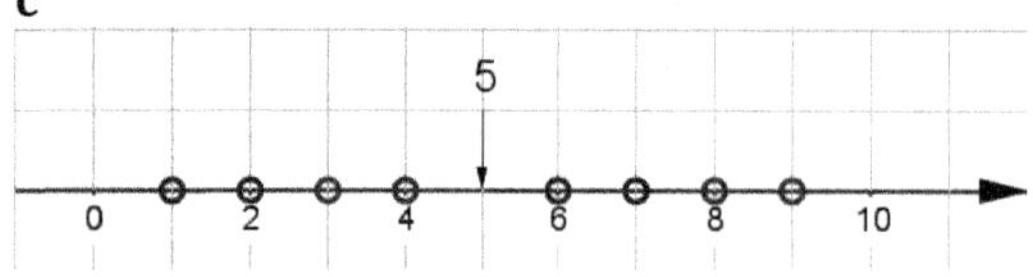

d

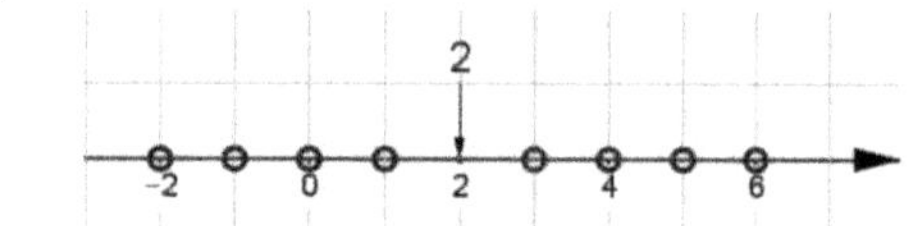

e

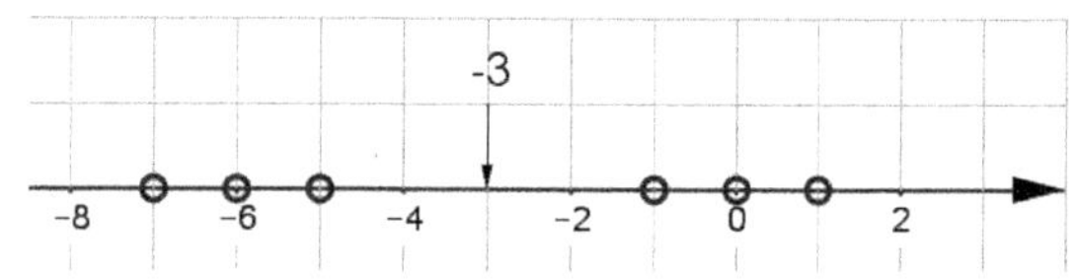

10
a 7 **b** -4 **c** -3 **d** 34 **e** -26 **f** 14

11
a 9999
b -9999
c -10
d 99
e -888
f -2000
g -9876

12 ... es kommt auf ihre Lage auf der Zahlengeraden an. Diejenige Zahl, die weiter rechts steht ist immer die größere.

3.3 Addition und Subtraktion

Seite 74

3 (-4) - (-8) = +4

Seite 75

4
a +8
b -6
c -2
d +2
e 8
f -6
g -2
h +2

Vorzeichen und Rechenzeichen müssen immer zusammengefasst werden.

Übungsaufgaben

1

a	b	c	d
28	0	28	-19
-38	32	26	-204
37	-7	213	119
-47	45	94	-793
-72	-9	-20	306

2
a +40 **b** -100 **c** +142 **d** +223

3

a	b	c	d
(-7) + (-17) = -24	(-16) + (-16) = -32	(+46) + (-17) = 29	(-56) + (-202) = -258
(-23) +(+48) = 25	(-23) + (+39) = 16	(+97) + (+44) = 141	(-128) +(-137) = -265
(-51) + (-19) = -70	(-69) + (-89) = -158	(+23)+(+112) = 135	(-217) +(-156) = -373
(+83) + (-16) = 67	(+79) + (-16) = 63	(-79)+(-117) = -196	(+453)+(+388) = 841
(-48) + (-22) = -70	(-99) + (-73) = -172	(+89)+(+167) = 256	(-954)+(+521) = -433

4
a -88 **b** 100 **c** -109 **d** -18

Seite 76

5 Das Rechenzeichen und das unmittelbar folgende Vorzeichen lassen sich zusammenziehen.

	a	b	c	d
1. Zeile	+	–	+	–
2. Zeile	–	–	+	+

6

a	b
–13 – 26 = –39	86 + 37 = 123
–56 + 89 = 33	–69 + 137 = 68
–44 + 98 = 54	13 – 142 = –129
70 – 45 = 25	–137 – 189 = –326
–52 + 23 = –29	–207 – 133 = –340
–37 – 69 = –106	890 – 167 = 723

7

a	b
–5	8
85	38
–100	–76
–11	–122
16	–912
–160	–532

8

a	b
–39	5
14	25
–25	–12
-47	41

9

a (–11 – 9) +17 = –3
(12 + 88) – 76 = 24
(–56 + 56) + 44 = 44
(101 + 99) – 102 = 98
(–27 – 73) – 189 = –289

b (–123 – 107) – 103 = –333
(–211 – 789) + 33 = –967
(–421 – 79) + 73 = –427
(–912 – 188) + 88 = –1012
(–317 – 183) – 200 = –700

10

a	b
–37	18
–3	-400
–100	500
30	100
–82	0

Seite 77

11

a [–77 – (–275)] + 33 = 231
b –113 – [–125 – (–500] = – 488
c 99 + [83 – (–21)] = 203
d –102 – [–12 – (–55)] = –145
e 64 – [–96 + 512] = –352
f [183 – 34] – 827 = –678

12

a

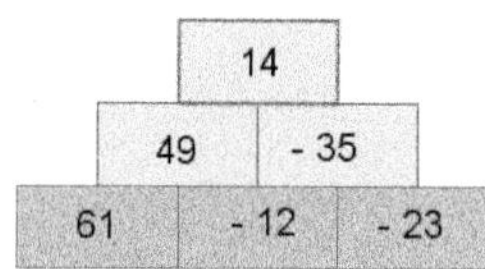

b

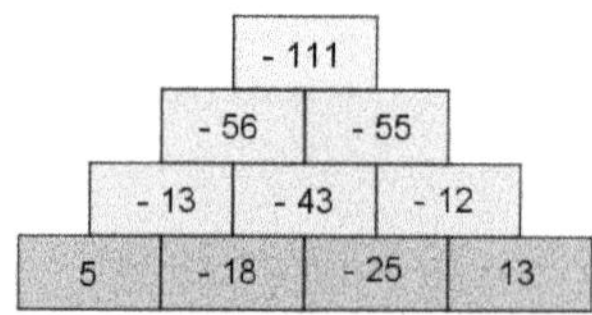

13

a

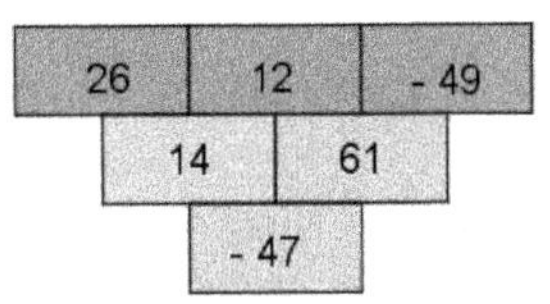

b

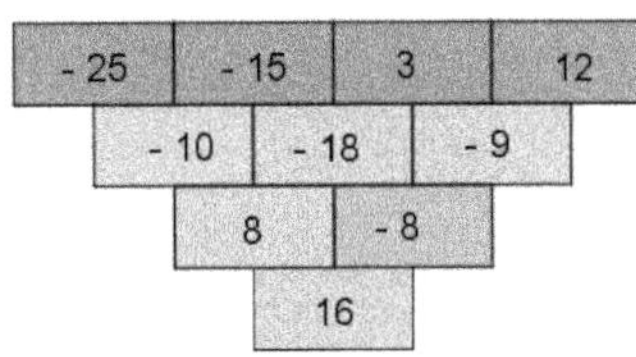

14

a $>$ **b** $<$ **c** $<$ **d** $=$ **e** $>$

15

a (– 50 + 8) + (–12) = – 54
b (–11 – (–17)) – (–8 + 18) = –4
c (–83+ (–43)) + (–17–(–38)) = –105
d 101 – (–8 – (–13)) = 96
e |–118| + (–83 + (–156)) = –121
f (–99) + (+999) = 900

16 Ausführung: 26 + (–19) = 7; 26 + 28 = 54; –47 + (–19) = –66; –47 + 28 = –19;
–47 – 28 = –75; –47 – (–16) = –31; –23 – 28 = –51; –23 – (–16) = –7;
a Größter Wert: 26 + 28 = 54
b Kleinster Wert: –47 – 28 = –75;
c Nächster Wert an Null: 26 + (–19) = 7 <u>und</u>: –23 – (–16) = –7

17

a Vorzeichen beim Subtrahend fehlt. Korrektur: –26 – (–37) = 11
b Vorzeichen beim Minuenden fehlt. Korrektur: (–13) – 25 = –38
c Vorzeichen beim Minuenden und Rechenzeichen fehlen. Korrektur: (–45) – (–33) = –12
d Vorzeichen vor der Klammer ist falsch. Korrektur: +(+24 – 18) = 6
Alternative: Linksterm als Betrag setzen: |– (+ 24 – 18)| = 6
e Vorzeichen beim Minuenden ist falsch. Korrektur: + 35 – 25 = 10

18

a Falsch. Richtigstellung: Wird zu einer <u>ganzen</u> Zahl ihre Gegenzahl addiert, erhält man als Ergebnis immer die Zahl 0.
b Falsch. Richtigstellung: Werden zwei negative Zahlen voneinander subtrahiert, dann erhält man nur dann eine negative Zahl, wenn der Betrag des Minuenden größer als der des Subtrahenden ist. Sei a, b $\in \mathbb{Z}^- \setminus \{0\}$, dann gilt: $a - b < 0 \Leftrightarrow |a| > |b|$
c Richtig

19

a

- 2	- 4	6
8	0	- 8
- 6	4	2

b

- 25	56	- 40
- 18	- 3	12
34	- 62	19

3.4 Multiplikation und Division

Seite 78

1

a Der zweite Faktor wird stets um 1 kleiner.
b Die Produktwerte werden um 2 kleiner.
c $(+2) \cdot (-1) = -2$, $(+2) \cdot (-2) = -4$, $((+2) \cdot (-3) = -6$. Ergebnis: -6
d Vom Produktwert 0 ab ändert sich das Vorzeichen, sodass klar wird, dass die Produktwerte ab hier positiv werden müssen. Ergebnis: +10.
e $(-) \cdot (+) \rightarrow (-)$, $(-) \cdot (-) \rightarrow (+)$: Daraus lässt sich ableiten: $(+) \cdot (-) \rightarrow (-)$, $(+) \cdot (+) \rightarrow (+)$;

Seite 79

Übungsaufgaben

1

a – **b** + **c** + **d** – **e** – **f** + **g** – **h** +

2

a −21 **b** 60 **c** 100 **d** −121 **e** −90

3

a −4395 **b** −4292 **c** 6448 **d** 13530

4

a

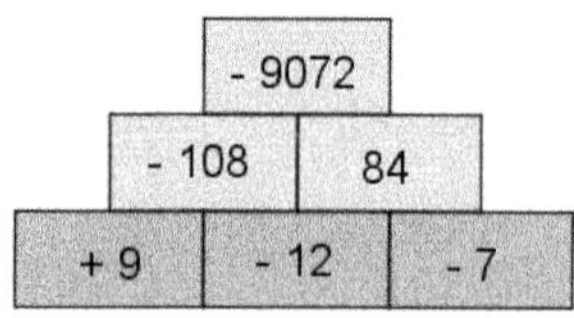

b

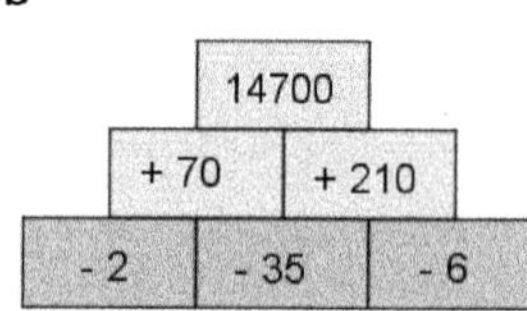

c

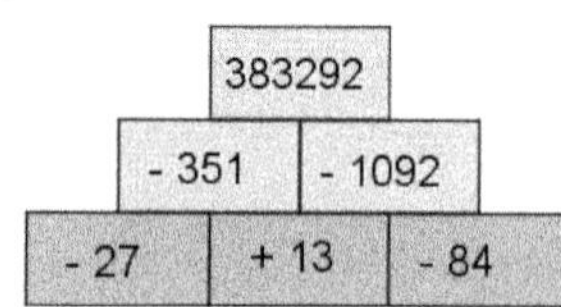

5

a $(-50) \cdot (-32) = 1600$
b $(-50) \cdot (+15) = -750$
c $(-13) \cdot (+15) = -195$

d Mehrere Möglichkeiten:
$(-50) \cdot (-32) = 1600$
$(-13) \cdot (-32) = 416$
$(+24) \cdot (+15) = 360$

Seite 80

6

a +700 **b** +300 **c** −6000 **d** −33000 **e** −17000 **f** 24000

7

a $2^5 = 32$ **b** $(-4)^7 = -16384$ **c** $(-5)^3 = -125$

8

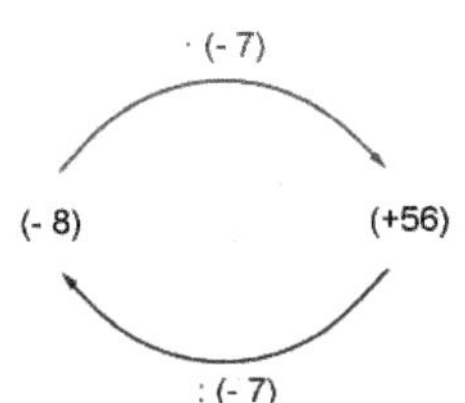

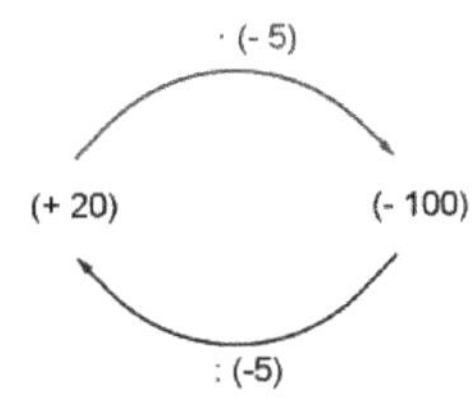

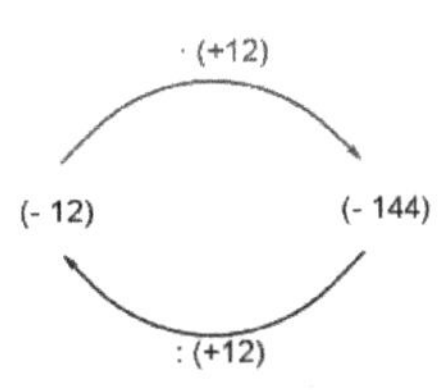

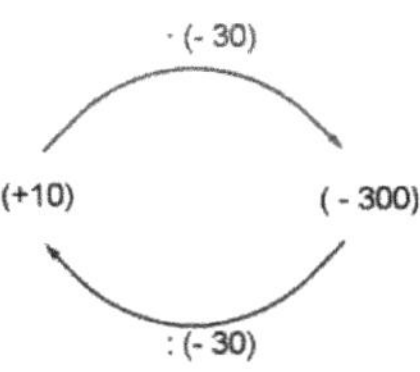

9

a - 168 **c** 3300 **e** 490 **g** 96 **i** 11059200

b 19 **d** -48 **f** -972 **h** 1280

Seite 81

Übungsaufgaben

1

a -4 **b** 13 **c** 3 **d** -12 **e** 33

2

a - **b** - **c** +4 **d** +112 **e** -

3

a +5 **b** -7 **c** -12 **d** +10

4

:	+ 2	- 5	+ 9
- 270	- 135	+ 54	- 30
+ 3240	+ 1620	- 648	+ 360
- 1260	- 630	+ 252	- 140
+ 2430	+ 1215	- 486	+ 270
- 90	- 45	+ 18	- 10
- 540	- 270	+ 108	- 60

5

a +243

b - 24

c +1527

6

a Möglichst großer Quotient (unter Verwendung aller Vorzeichen): (+96) : (+2) = +48
alternativ: (-96) : (-2) = +48
(unter Verwendung nur notwendiger Vorzeichen): (964) : (+2) = 482 .
Möglichst kleiner Quotient: (unter Verwendung aller Vorzeichen): (+96) : (- 2) = - 48
(unter Verwendung nur notwendiger Vorzeichen): (964) : (-2) = - 482 .

b (+42) : (-6) = - 7 (Alternativ: (-42) : (+6) = -7

c Individuelle Lösungen.
Vorschläge: Der Wert des Quotienten soll -6 betragen. (Lösung: (+54) : (-9) = -6
Der Wert des Quotienten soll -4 betragen. (Lösung: (-24) : (+6) = -4

7

a richtig **b** falsch **c** falsch **d** richtig

3.5 Verbinden der Grundrechenarten

Seite 82

1

a Addition der gemessenen Temperaturwerte, Division durch die Anzahl der Messungen.

b Durchschnittstemperatur: – 2°C.

Übungsaufgaben

1

$7 \cdot 8 - 66 = -10$

$15 + (-8) : (-2) = 19$

$(9 + 16) : (28 - 33) = -5$

$-7 \cdot 11 - 4 \cdot (-16) = -13$

$(-72 + 51) : (-3) = 7$

$(-63 + 54) \cdot (12 - 15) = 27$

$45 + 3 \cdot (-12) = 9$

$-23 - 24 : (-8) = -20$

2

a	b	c	d
– 5	– 5	5	15
– 5	– 4	– 2	-10
– 17	-8	2	15

3

a	b
– 180	300
1800	– 8
– 300	– 72
– 40	400

Seite 83

4

a – 240

b 15

c 540

d – 1100

e 864

f 1550

g 324

h – 2000

5

a $(20 + 5) \cdot (-38) = -950$

b $(-10 - 2) \cdot (-36) = 432$

c $(20 + 4) \cdot (-23) = -552$

d $(60 - 1) \cdot (-61) = -3599$

e $(-75) \cdot (-40 - 2) = 3150$

f $(40 + 5) \cdot (-55) = -2475$

g $(11 - 5) \cdot (-23) = -138$

h $(7 - 17) \cdot (-31) = 310$

6

a $(32 - 132) \cdot 12 = -1200$

b $417 \cdot (398 - 598) = -83400$

c $875 \cdot (730 - 746) = -14000$

d $17 \cdot (-24 - 6) = -510$

e $(-3) \cdot (-77 - 23) = 300$

f $14 \cdot (-16 + 39) - 13 \cdot 23 = 14 \cdot 23 - 13 \cdot 23$
$= 1 \cdot 23 = 23$

7 204 € – 58 € + 126 € – 3 · 95 € = – 13 € (Soll). Herrn Guttmanns Konto ist um 13 € überzogen

8

a

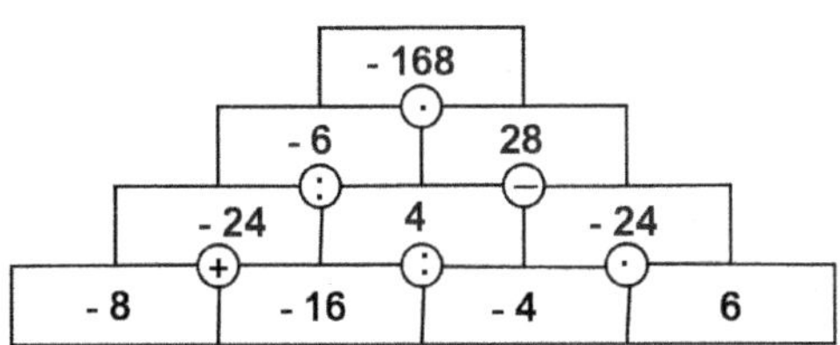

b

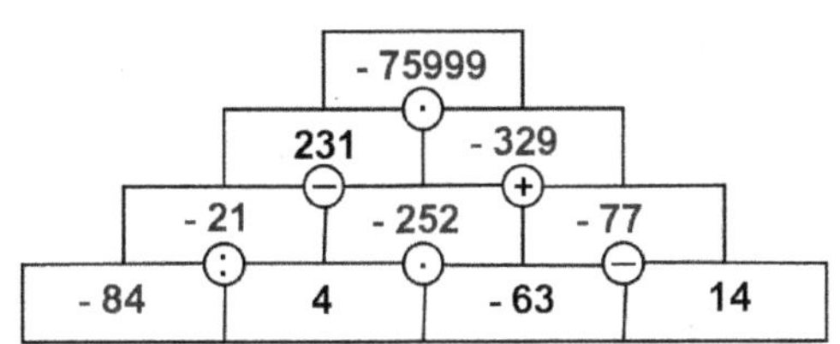

c

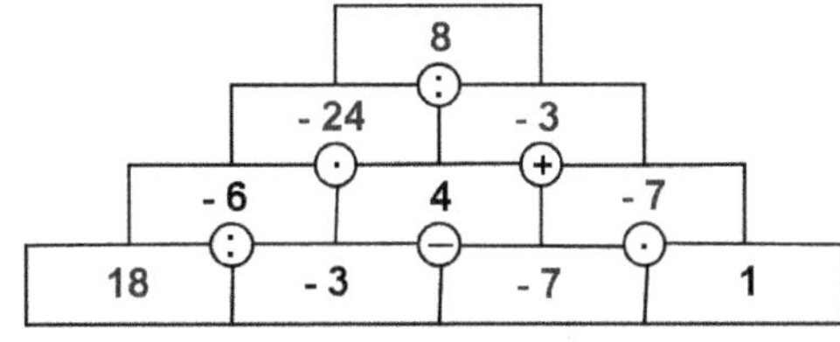

d

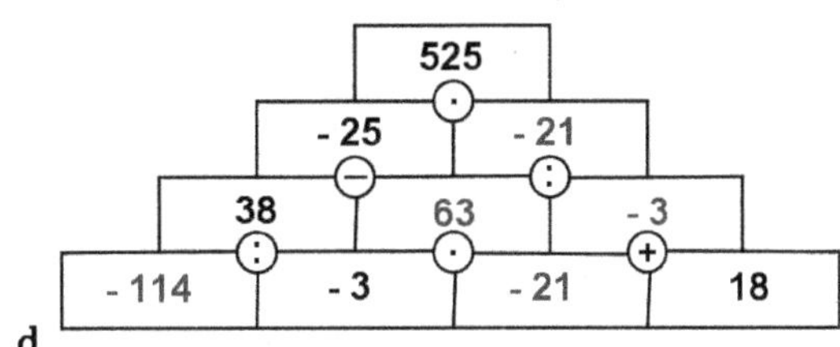

9

a -5 **b** -4 **c** -8 **d** -3 **e** 20 - **f** +1

10

a (- 10 +5) · 3 = - 15
b (6 – 12) · (9 – 13) = 24
c (33 – 77) : (99 – 88) = - 4
d 100 : (8 – 33) – 16 = – 20
e (– 45 + 54) · (90 – 100) = – 90
f (– 82 – 18) : (8 + 2) – 1 = – 11

Seite 84

11

a 10 (M)
b – 74 (A)
c – 171 (T)
d 16 (H)
e – 130 (E)
f 1650 (C)
g – 212 (H)
h 0 (A)
i 1 (M)
j – 972 (P)
k – 1934 (I)
l – 241 (O)
m 8 (N)

Lösungswort: Mathechampion.

12

a 59 **b** 0 **c** 0 **d** - 318 **e** - 1

13

a (– 10 + 8) · (– 12) = 24
b (– 22 – 23) : (– 9) = 5
c (– 56) : (– 7) – 44 = – 36
d (– 12) · 8 + 100 = 4
e (– 41 – 9) · (– 7 + 3) = 200
f (– 25) · (– 3) – 250 : (– 2) = 200

14

a – 14 – 4 · (–3) = –14 + 12 = – 2.
Vorzeichenregel bei der Multiplikation missachtet, Vorzeichen beim Ergebnis falsch.

b 2 – 3 · (– 4) · 2 = 2 – 3 · (–8) = 2 + 24 = 26.
Vorzeichenregel bei der Multiplikation von (–4) · 3 wurde übersehen,
„Punkt vor Strich" bei 2 – 3 · 8 missachtet.

c $2 \cdot 2^3 + 4 \cdot (-5)^2 = 2 \cdot 8 + 4 \cdot 25 = 16 + 100 = 116$.
Potenz 2^3 falsch ausgerechnet, Vorzeichen bei $(-5)^2 = -25$ wurde falsch übernommen.

d $-12-8\cdot(-9+8)^7=-12-8\cdot(-1)^7=-12+8=-4$.
„Punkt vor Strich" bei $-12-8=-20$ nicht berücksichtigt, Potenz $(-1)^7=-1$ falsch ausgerechnet.
e $(-1)^{18}\cdot(-13)+(-3)^2\cdot(-1)^{27}=1\cdot(-13)+9\cdot(-1)=-13-9=-22$.
Potenz $(-1)^{18}=-1$ falsch ausgerechnet. Vorzeichen beim Ergebnis -4 falsch.

15
a Mittlere Jahrestemperatur auf der Zugspitze: – 2 °C; in Grainau: 13 °C.
b Auf der Zugspitze ist es durchschnittlich um [13°C – (–2)°C] = 15 °C kälter.
c Im Monaten Juni und Juli war der Temperaturunterschied mit $\Delta\theta = 18$ °C am größten.
d Im Monat Oktober war der Temperaturunterschied mit $\Delta\theta = 11$ °C am kleinsten.

3.8 Mehr zum Thema: Zahlenfolgen

Seite 90

Die Fibonacci -Folge lässt sich so fortsetzen:
1, 1, 2, 3, 5, 8, **13, 21, 34, 55,** ....
Buchstabenfolge: ....→ (13) ABBABBABABBAB, → (21) BABABBABABBABBABABBAB →
→ (34) ABBABBABABBABBABABBABABBABBABABBAB → (55) ......
Die Anzahl der Buchstaben wächst nach der Fibonacci-Folge immer weiter an.
Die Anzahl der jungen Kaninchen (A) steigt ebenfalls in einer Fibonacci-Folge an, diese wächst allerdings um 2 Plätze versetzt zur Gesamtzahl an:

Gesamtzahl:	3, 5, 8, **13, 21, 34, 55, 89,** ...
Junge Kaninchen (A):	**1, 2, 3, 5, 8, 13,**

4 Geometrie

4.1 Punkt, Strecke, Halbgerade, Gerade

Seite 92

1 Die Zeichenebene besteht aus unendlich vielen Punkten, die selbst eine unendlich kleine Ausdehnung haben.

2 Verlängerung einer Strecke über einen Punkt hinaus ergibt eine Halbgerade, über beide Eckpunkte hinaus eine Gerade.

Seite 93

Übungsaufgaben

1 Strecke: ②, ⑥; Halbgerade: ①; Gerade: ⑤; keine passende Bezeichnung: ③, ④

2

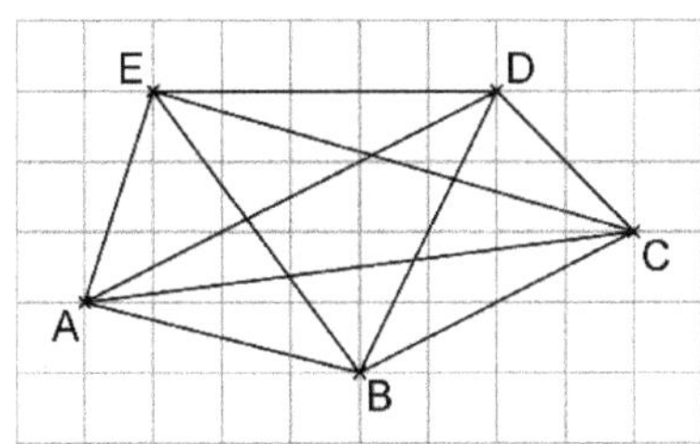

Strecken: $\overline{AB}$, $\overline{AC}$, $\overline{AD}$, $\overline{AE}$
$\overline{BC}$, $\overline{BD}$, $\overline{BE}$
$\overline{CD}$, $\overline{CE}$
$\overline{DE}$

3 Längenangaben: $|\overline{CD}| = 3{,}8$ cm; $|\overline{KL}| = 3{,}1$ cm; $|\overline{ST}| = 1{,}9$ cm; $|\overline{VW}| = 2{,}4$ cm.

4

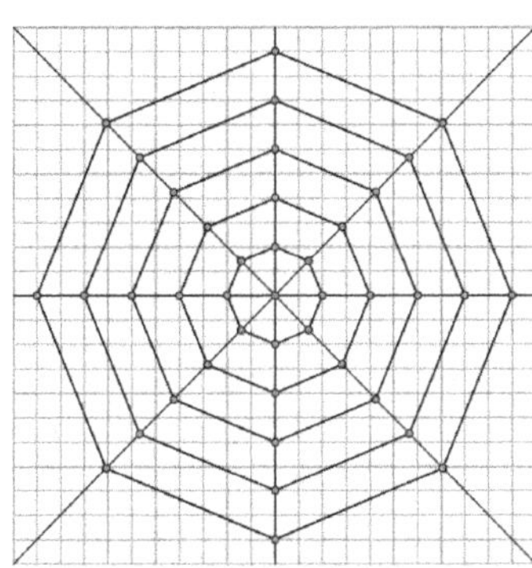

Es müssen noch 25 Strecken gezeichnet werden.

5

a Richtig, es handelt sich beide Male um dieselbe Strecke.
b Falsch, man erhält eine Gerade.
c Falsch, die Beschreibung trifft auf eine Strecke zu.
d Falsch, drei Punkte und noch unendlich viele mehr können durchaus auf einer Gerade liegen.

6 Drei Geraden:

0 Schnittpunkte

g

h

i

1 Schnittpunkt

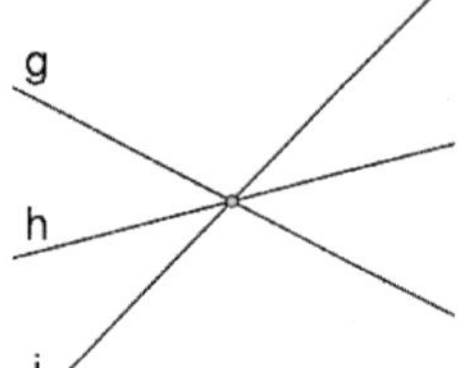

2 Schnittpunkte

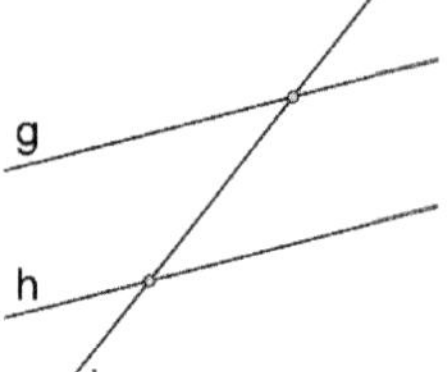

3 Schnittpunkte

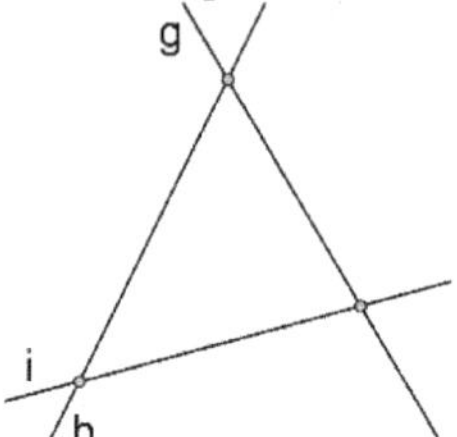

7

a 1 Gerade, 2 Halbgeraden, 4 Strecken

b 1 Gerade, 2 Halbgeraden, 6 Strecken

8

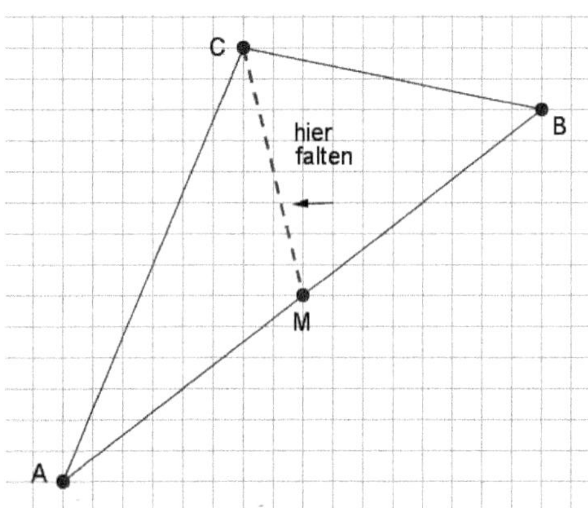

Das Dreieck „schwebt" auf der Faltkante. Es ist im Gleichgewicht. ($\overline{CM}$ ist eine Seitenhalbierende des Dreiecks)

4.2 Zueinander senkrecht und parallel, Abstand

Seite 94

1 Die Kurpfalzstraße verläuft senkrecht zur Kunststraße.

2 Die beiden Straßen sind parallel zueinander, deswegen ist die kürzeste Verbindung zwischen ihnen immer gleich lang, in der Skizze etwa 1,1 cm. Der Verbindungsweg steht senkrecht zu den beiden Straßen.

Seite 95

1 Senkrechten: Eckkanten des Zimmers, Fenster, Türen (jeweils zum Boden). Weitere individuelle Lösungen.
Parallelen: Fensterunterkanten, Türunterkante, eventuell die Seiten der Arbeitstische. Weitere individuelle Lösungen.

2 Parallel sind die Seitenauslinien, dazu die Seiten der Strafräume und Torräume. Parallel sind auch die Torlinien (Grundlinien), die Mittellinie und Vorderseiten der Straf- und Torräume.
Die Seitenlinien stehen senkrecht auf der Mittellinie, senkrecht zu den Torlinien (Grundlinien) und ebenfalls senkrecht zu den Vorderseiten der Straf- und Torräume.

3

1. Faltung

3. Faltung

2. Faltung

Das Papier muss nochmals senkrecht zu den bisherigen Faltlinien gefaltet werden.

4

a $g_1 \perp g_3$, $g_2 \perp g_4$;

b $g_1 \perp h_3$, $g_3 \perp h_1$, $g_3 \perp h_2$, $h_1 \parallel h_2$;

c $g_2 \perp g_6$, $g_3 \perp g_6$, $g_1 \parallel g_4$, $g_2 \parallel g_3$;

d $g_1 \perp h_2$, $g_2 \perp h_2$, $g_3 \perp h_4$, $g_1 \parallel g_2$, $h_1 \parallel h_3$;

5

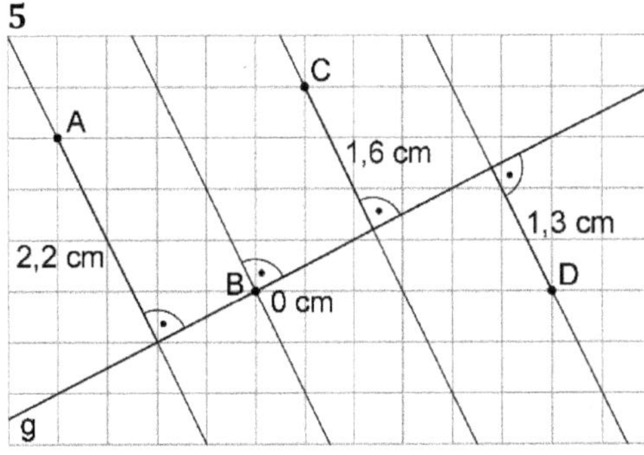

6

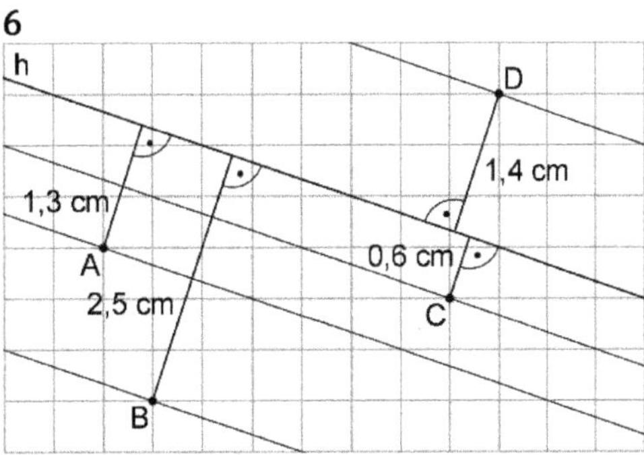

7

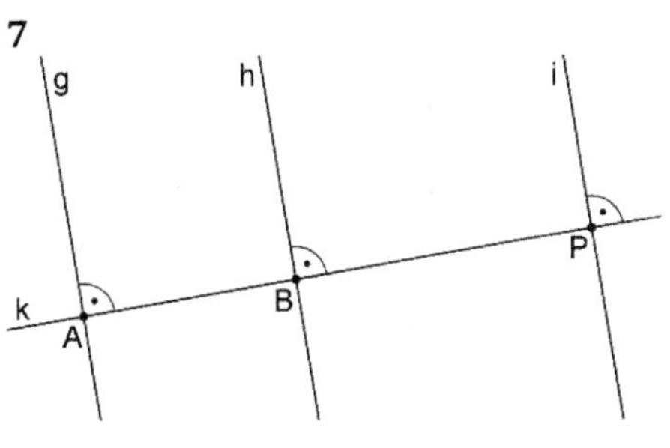

Mögliche Vorgehensweisen:
Zeichnen einer Hilfsparallelen, die mit dem Geodreieck noch gezeichnet werden kann, oder nach der Beschreibung im Kasten

8

a richtig

b falsch, $g \parallel i$

c richtig

4.3 Das Gitternetz (Koordinatensystem)

Seite 96

Beispiele: Die Punkte A, B, C und D sollen mit roter Farbe für die x-Koordinate und mit blauer Farbe für die y-Koordinate eingezeichnet werden.

Seite 97

Übungsaufgaben

1

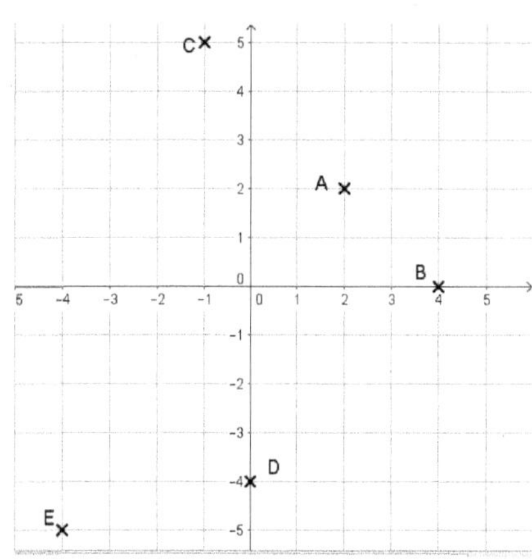

Die x-Achse muss von –4 bis 5 mindestens 9 Einheiten lang sein, die y-Achse muss von –5 bis 5 mindestens 10 Einheiten lang sein.

2

a

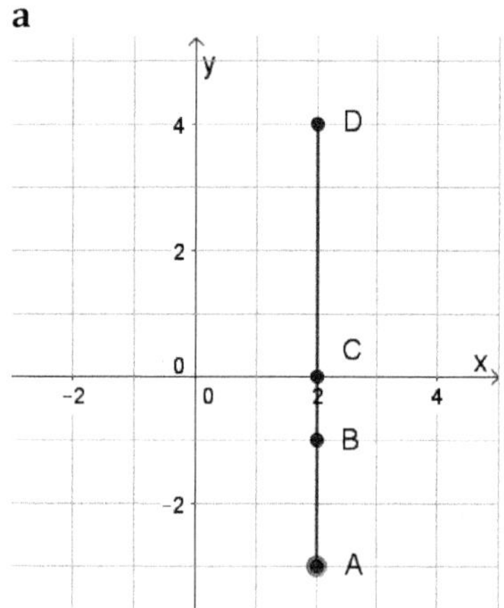

b

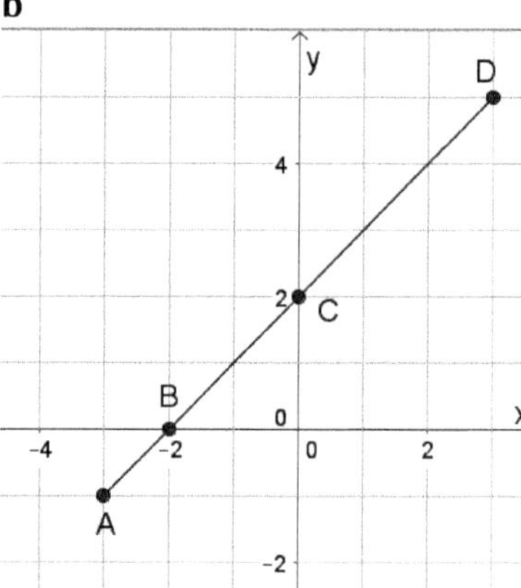

c

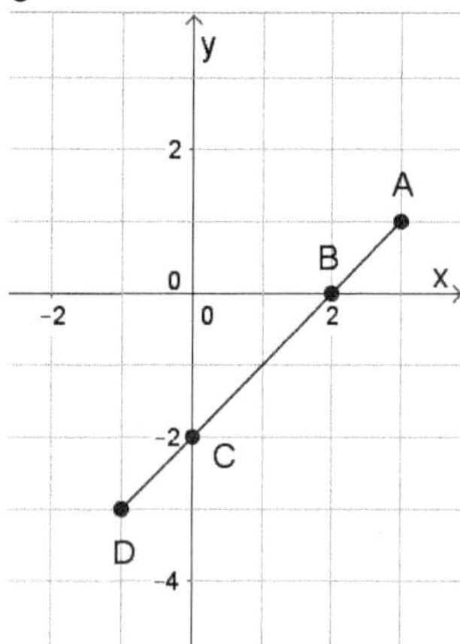

3 A(1|1), B(–3|–1), C(–2|–3), D(–3|3), E(2|5), F(4|2), G(–3|1), H(–5|2), I(2|–2), J(4|–2), K(3|–3);

4

a nein **b** nein **c** nein **d** ja

5

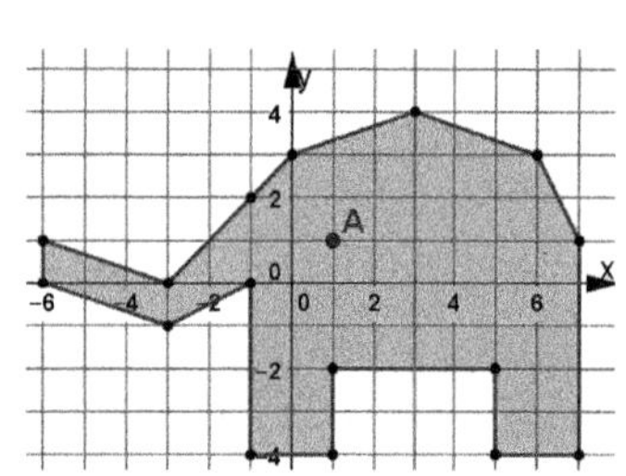

6

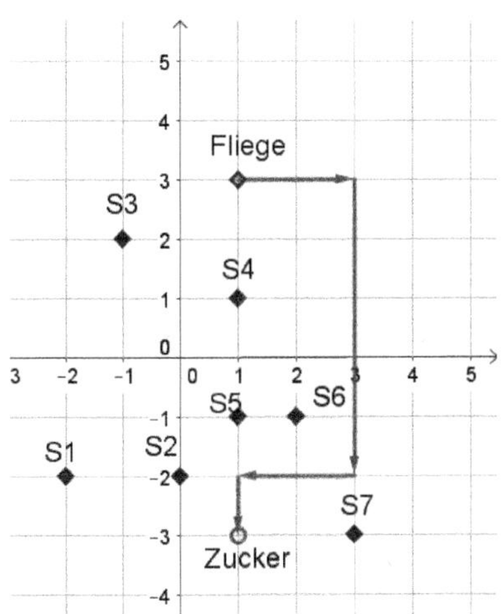

Andere Lösungswege sind ebenfalls möglich.

7

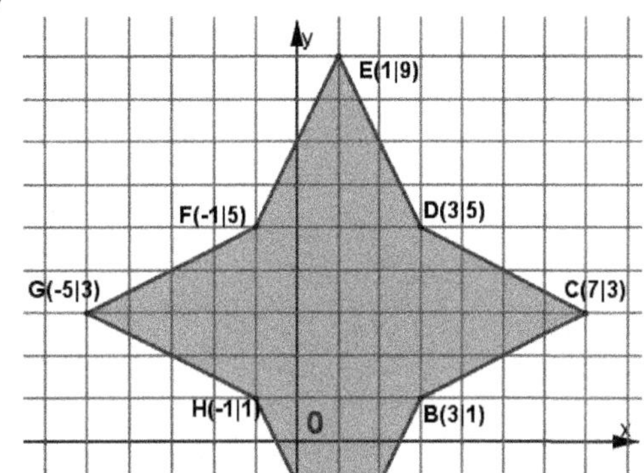

8

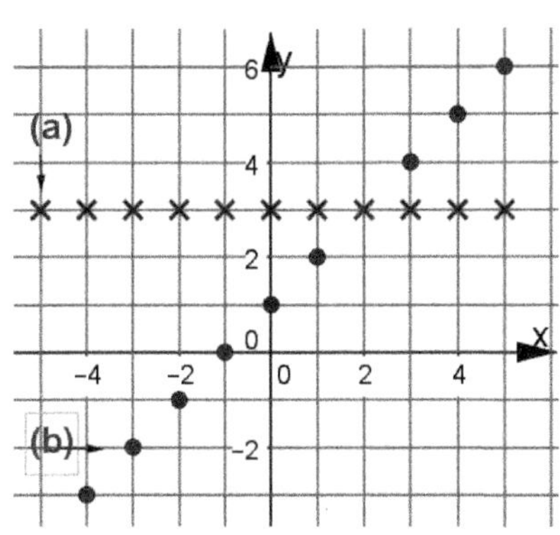

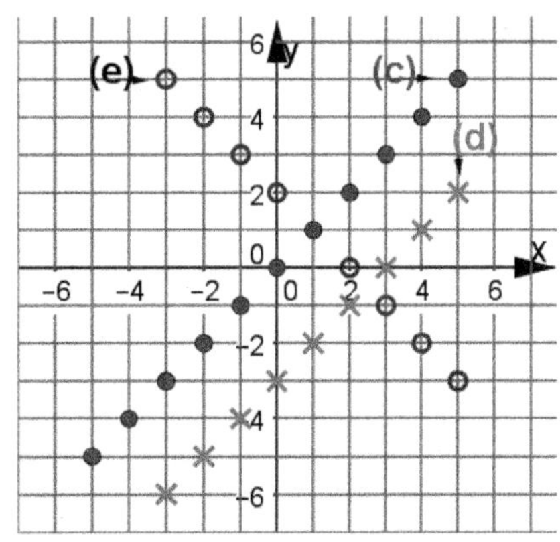

4.4 Kreise

Seite 98

1 Die Streckenlängen $|\overline{AM}|$ und $|\overline{BM}|$ sind jeweils 5 cm lang. Dies gilt für alle Punkte auf dem Kreis: Ihre Verbindungsstrecken zum Mittelpunkt sind alle 5 cm lang. (Radien)

2 $|\overline{AM}| = |\overline{BM}| = |\overline{CM}|$; die Strecken sind Radien und somit gleich lang. Der Durchmesser $\overline{DC}$ ist doppelt so lang, wie die Radien.

Übungsaufgaben

1 $k_1(M_1; r = 0{,}5$ cm); $k_2(M_1; r = 1{,}4$ cm); $k_3(M_1; r = 2{,}4$ cm); $k_4(M_4; r = 2{,}0$ cm); $k_5(M_5; r = 1$ cm);

2

a

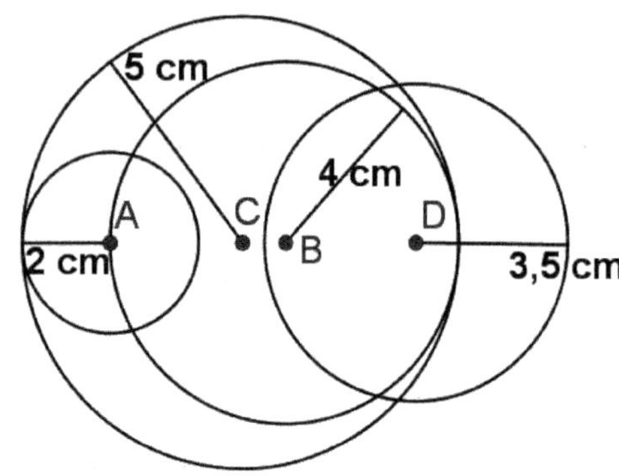

$k_1(A; r_1 = 2\text{ cm})$, $k_2(B; r_2 = 4\text{ cm})$,
$k_3(C; r_3 = 25\text{ mm})$
$k_4(D; r_4 = 3{,}5\text{ cm})$

b

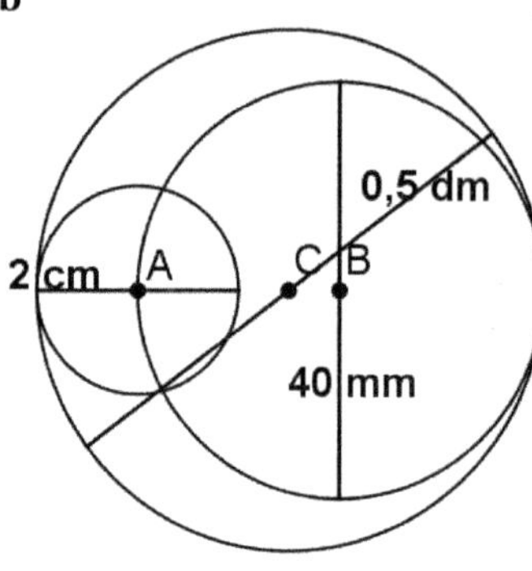

$k_1(A; r_1 = 2\text{ cm})$,
$k_2(B; r_2 = 40\text{ mm})$
$k_3(C; r_3 = 0{,}5\text{ dm})$ Unterschiedlicher Maßstab!

Seite 99

3 Zeichenübung

4

a Die Seiten des Quadrats erscheinen nach innen gekrümmt, obwohl sie gerade gezeichnet sind.

b Die Kreise in der Mitte beider Zeichnungen erscheinen ungleich groß, obwohl sie den gleichen Radius haben.

5 Zeichenübung

6

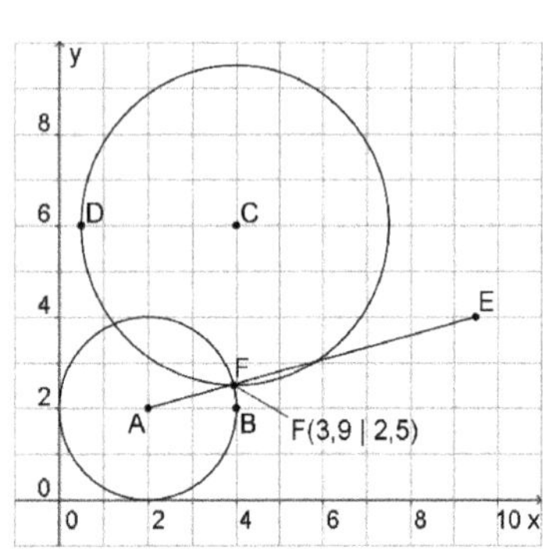

7 a – e

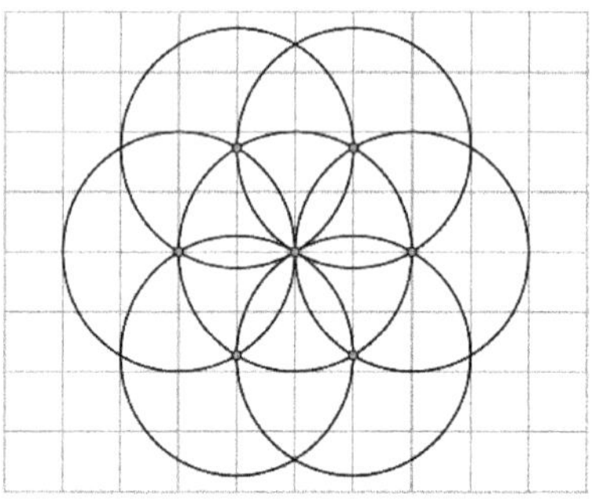

4.5 Winkel

Seite 100

1 Das Gesichtsfeld eines Menschen ist zwischen 180° und 200° groß. Die Schülerinnen und Schüler haben daher unterschiedlich große Gesichtsfelder.

Übungsaufgaben

1

a Gleiches Maß haben die Winkel α_2, β_2, β_3 und γ_2. (90°) Ebenso sind die Winkel α_1 und γ_1.gleich. (270°)

b In diesem Fall wären α_2 und β_3 gleich groß, ebenso β_2 und γ_2.

c Buchstabe M: 6 Winkel, Buchstabe A: 6 Winkel. (Gestreckte Winkel sind nicht dabei.)

Seite 101

2 $\alpha > \beta$. Das durch die Schenkel überstrichene Winkelfeld des Winkels α ist größer.

3

a Zeichenübung. Es gibt nicht nur einen Winkelbogen, sondern zwei.

b individuell

4

a Zeichenübung. Erster Schenkel des Winkels: ① unten; ② rechts; ③ links; ④ links; ⑤ rechts.

b α = ①; β = ②; γ = ③; δ = ⑤; ε = ④.

5 Zeichenübung. $\alpha = \sphericalangle CBA$; $\alpha' = \sphericalangle ABC$.

6

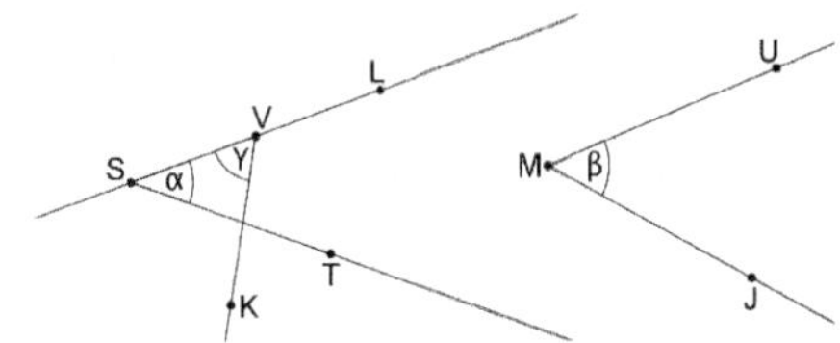

Winkelpartner:

$\alpha = \sphericalangle LST$
$\beta = \sphericalangle UMJ$
$\gamma = \sphericalangle KVS$

7

a $\beta = \sphericalangle EDF$; $\gamma = \sphericalangle FDG$; $\delta = \sphericalangle GDE$

b individuelle Lösungen

Seite 102

8

a Zeichenübung

b $\alpha = \sphericalangle CSD$;
$\beta = \sphericalangle ESF$;
$\gamma = \sphericalangle ASB$

c Möglichkeiten für δ:
$\delta = \sphericalangle DSE$;
$\delta = \sphericalangle BSC$;
$\delta = \sphericalangle FSA$

9 $\alpha = \sphericalangle BSC$; $\beta = \sphericalangle ASB$; $\gamma = \sphericalangle ASC$; $\delta = \sphericalangle CSD$; $\varepsilon = \sphericalangle BSD$; Lösungswort: KREISFIGUR

10

a, b

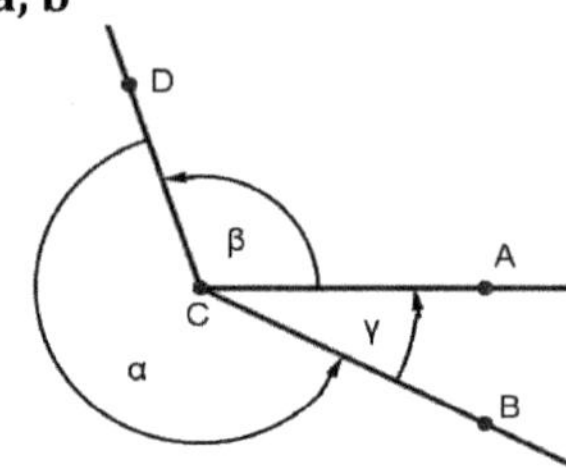

b

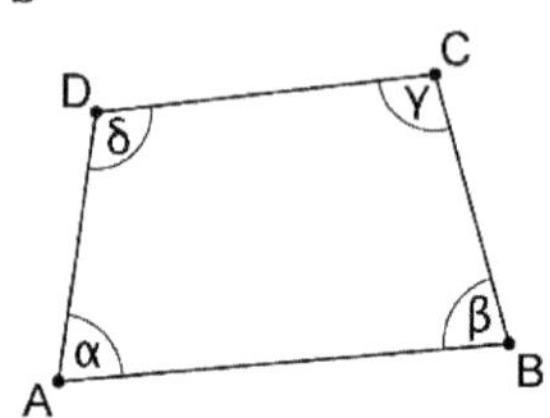

Allgemeines Viereck

11

$\alpha = \sphericalangle$ PSQ; $\alpha' = \sphericalangle$ QSP
$\beta = \sphericalangle$ QPS; $\beta' = \sphericalangle$ SPQ
$\gamma = \sphericalangle$ SQP; $\gamma' = \sphericalangle$ PQS
Zeichnungen anfertigen:
Entweder Dreieck zeichnen
oder Winkel einzeln zeichnen.

12

a Innenwinkel: $\sphericalangle$ BAD; $\sphericalangle$ CBA; $\sphericalangle$ DCB; $\sphericalangle$ ADC; Außenwinkel: $\sphericalangle$ DAB; $\sphericalangle$ ABC; $\sphericalangle$ BCD; $\sphericalangle$ CDA

16 Winkel

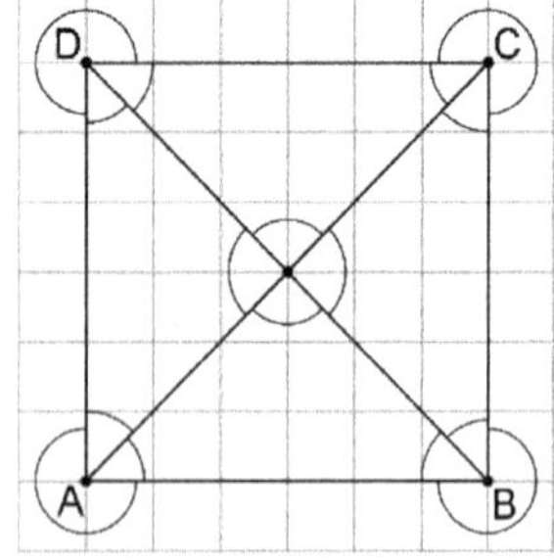

24 Winkel

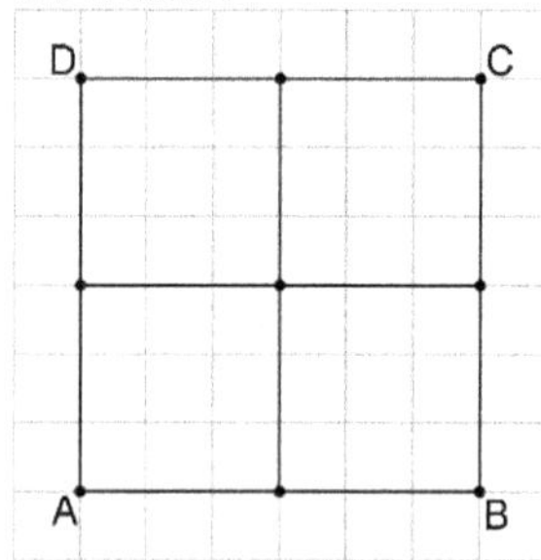

32 Winkel

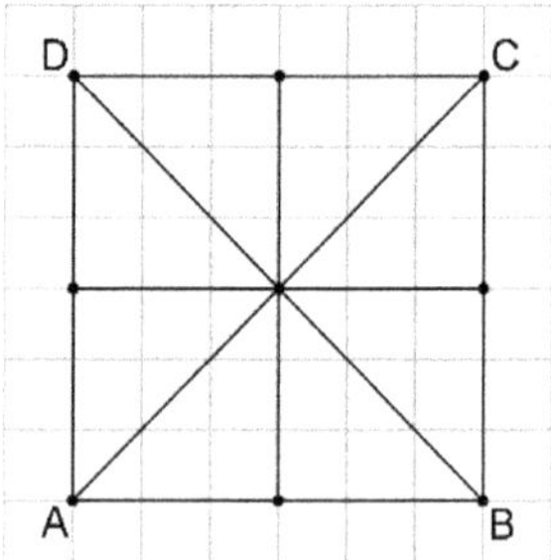

13 a, c, d

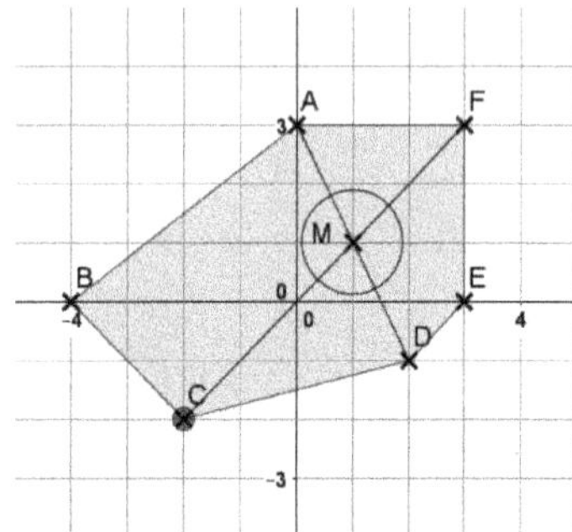

b Innenwinkel: $\sphericalangle$ BAF, $\sphericalangle$ CBA, $\sphericalangle$ DCB, $\sphericalangle$ EDC, $\sphericalangle$ FED, $\sphericalangle$ AFE

c M(1|1)

d Winkel bei M: $\sphericalangle$ FMA, $\sphericalangle$ AMC, $\sphericalangle$ CMD, $\sphericalangle$ DMF

4.6 Winkeleinteilung

Seite 103

1 Kalifornien < Irak < Deutschland < Neuseeland < China
2 China < Neuseeland < Deutschland < Irak < Kalifornien

Übungsaufgaben

1 $\alpha = 230°$; $\beta = 32°$; $\gamma = 270°$; $\delta = 180°$
a α: überstumpfer Winkel; β: spitzer Winkel; γ: überstumpfer Winkel; δ: gestreckter Winkel
b Darstellung eines rechten Winkels (90°) und eines 45°-Winkels

Seite 104

2
a spitzer Winkel **b** stumpfer Winkel
Weitere Aussagen: „Ich bin größer als ein gestreckter Winkel und kleiner als ein Vollwinkel“.
Individuelle Lösungen.

3 $\alpha = 270°$ (45 min); $\beta = 90°$ (15 min); $\gamma = 180°$ (30 min)

4
a 360° **b** 120° **c** 240° **d** 60° **e** 30° **f** 6°

5
a 40 min **b** 50 min **c** 55 min **d** 25 min **e** 6 min **f** 12 min

6 Übung mit der Winkelscheibe

7
a Barrow-in-Furness: ca. 20° nach rechts; Liverpool: ca. 60° nach rechts;
Colwyn Bay: ca. 85° nach rechts
b Der Kapitän erreicht den Hafen Castletown.

8
a die Hälfte des gestreckten Winkels (90°) < ein Drittel des Vollwinkels (120°)
b drei Viertel des Vollwinkels (270°) > das Doppelte eines rechten Winkels (180°)
c zwei Drittel des Vollwinkels (240°) < das Dreifache eines rechten Winkels (270°)
d zwei Drittel eines rechten Winkels (60°) = ein Drittel des gestreckten Winkels (60°)
e ein Sechstel des Vollwinkels (60°) < drei Viertel eines rechten Winkels (67,5°)

9 z. B. 21:00 Uhr (9:00 Uhr) und 15:00 Uhr (3:00 Uhr)

4.7 Winkel messen und zeichnen

Seite 105

1 Einen Schneefang benötigen das Satteldach auf beiden Seiten und das Frackdach auf einer Seite.

Übungsaufgaben

1 a,b,c
$\alpha = 160°$; $\beta = 62°$; $\gamma = 45°$; $\delta = 90°$. Individuelle Schätzungen sind möglich und führen zu unterschiedlichen Fehlerspannen.

Seite 106

2 $\alpha = 239°$; $\beta = 307°$; $\gamma = 256°$; $\delta = 326°$

3 Zeichenübung

4
a

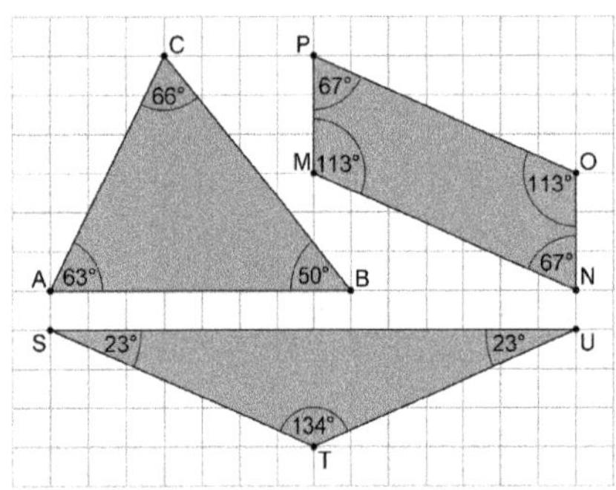

b Auch bei doppelter Größe der Figuren bleiben die Größen der Winkel gleich

5
a $\alpha = 20°$ (Winter)

b $\alpha = 56°$ (Sommer)

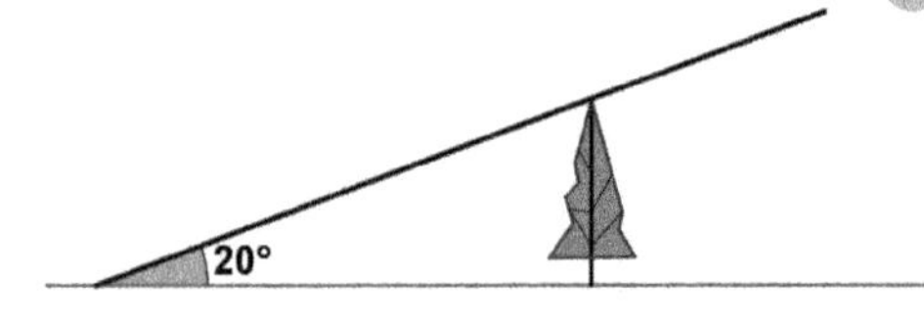

6

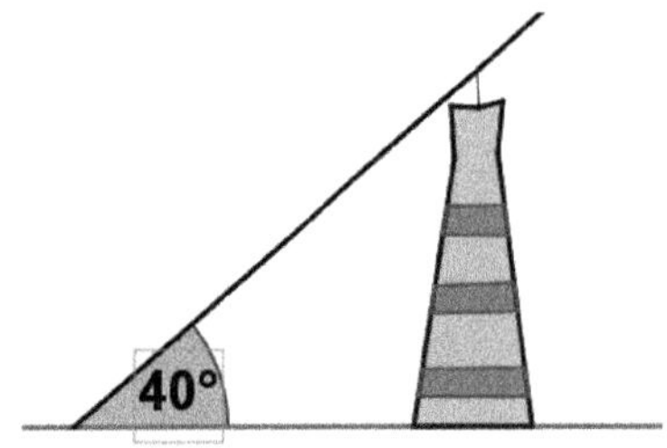

Zeichnung erstellen (Maßstab 1 : 1000):
42 m entspricht 4,2 cm;
50 m entspricht 5 cm.
Lösung: $\alpha = 40°$

7

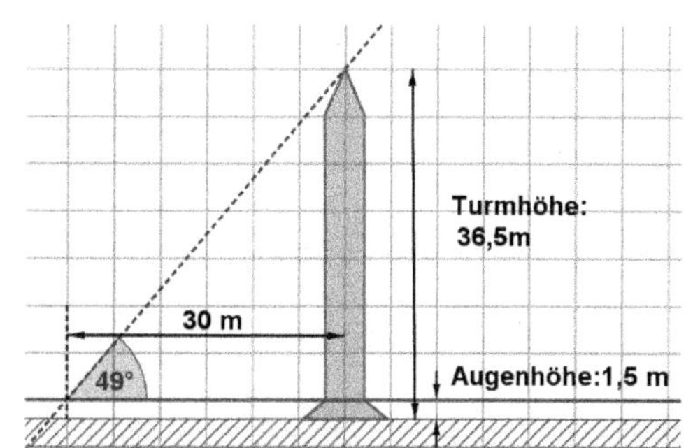

Zeichnung erstellen (Maßstab 1 : 500). Von der Höhe des Turms die Höhe des Vermessungsgeräts abziehen: 36,5 m – 1,5 m = 35 m. Lösung: $\alpha = 49°$.

Seite 107

8

a Wenn man einen 40° großen Winkel dreimal aneinander zeichnet, entsteht ein stumpfer Winkel ($40° + 40° + 40° = 120°$ und $120° > 90°$). Ein überstumpfer Winkel entsteht, wenn mindestens fünf 40°-Winkel aneinander gezeichnet werden ($4 \cdot 40° = 160° < 180°$; $5 \cdot 40° = 200° > 180°$).

b $\alpha = 25°$: stumpfer Winkel bei mindestens 4 Winkeln (100°) und höchstens 7 Winkeln (175°); überstumpfer Winkel ab 8 Winkeln (200°)

$\beta = 20°$: stumpfer Winkel bei mindestens 5 Winkeln (100°) und höchstens 8 Winkeln (160°); überstumpfer Winkel ab 10 Winkeln (200°)

$\gamma = 15°$: stumpfer Winkel bei mindestens 7 Winkeln (105°) und höchstens 11 Winkeln (165°); überstumpfer Winkel ab 13 Winkeln (195°)

9

a Zeichenübung

b ① $\delta = 360° - 90° - 15° - 106° - 46° = 103°$ ② $\delta = 90 - 29° - 30° - 15° = 16°$

③ $\delta = 180° - 21° - 37° - 112° = 10°$

c individuelle Aufgaben und Lösungen

Seite 108

10 a

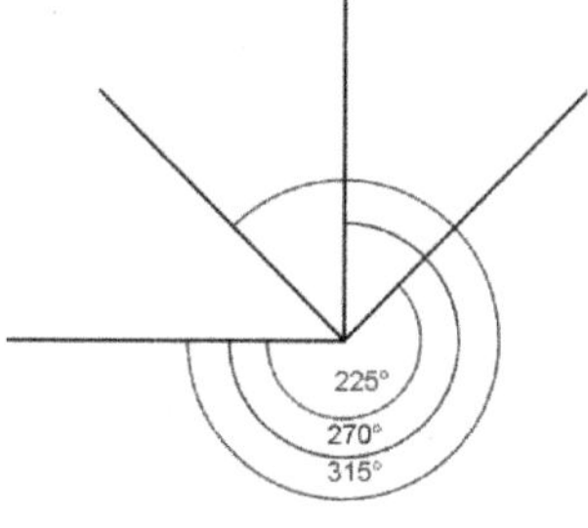

b

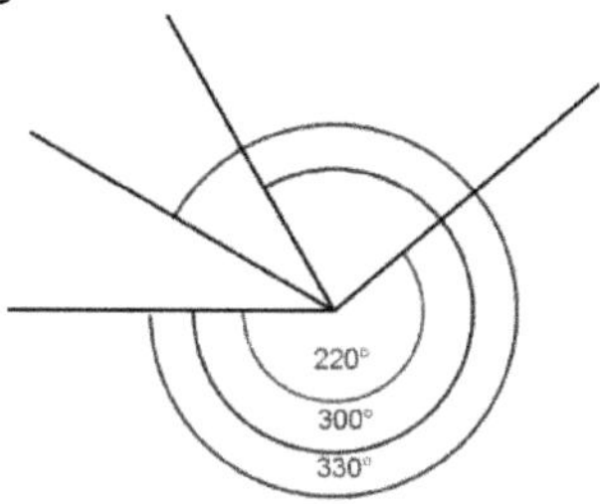

c

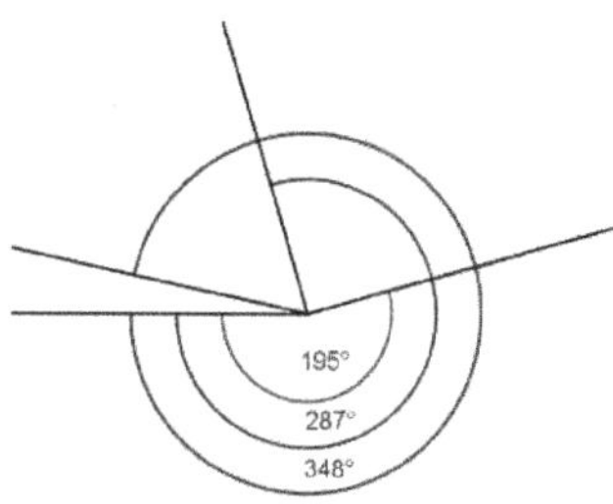

d Individuelle Lösungen

11

a Zeichenübung

b individuelle Lösungen

12

a Maras Behauptung ist falsch, denn α und sein Winkelpartner α' ergeben zusammen 360°. Wenn $\alpha = 270°$ groß ist, dann muss der Winkelpartner $\alpha' = 90°$ groß sein. α' ist aber, wie man sieht, kleiner als 90°. Daher kann α nicht 270° groß sein.

b Hier sind unterschiedliche Vorgehensweisen möglich. Am leichtesten ist es, den blauen Winkel (90°) zuerst zu zeichnen und dann α und β beliebig anzupassen.

13

a Zeichenübung

b $\sphericalangle$ CDA =310°; $\sphericalangle$ ADC = 50°

14 Zeichenübung

4.8 Nebenwinkel und Scheitelwinkel

Seite 109

1 Annahme: Er muss nur einen Winkel messen.

2 Faltübung und Bestätigung der Annahme aus 1.

3 Weitere Bestätigung der Annahme aus 1.

Übungsaufgaben

1

a $\sphericalangle$ LSM ist der Scheitelwinkel von $\sphericalangle$ KSP und $\sphericalangle$ MSK ist der Scheitelwinkel von $\sphericalangle$ PSL.
$\sphericalangle$ LSM und $\sphericalangle$ MSK sind zusammen gehörige Nebenwinkelpaare, genau wie $\sphericalangle$ KSP und $\sphericalangle$ PSL.

b $\sphericalangle$ EGA ist Nebenwinkel zu $\sphericalangle$ AGJ, $\sphericalangle$ DJF ist Nebenwinkel zu $\sphericalangle$ FJH und $\sphericalangle$ BHC ist Nebenwinkel zu $\sphericalangle$ CHG. (Außenwinkel des Dreiecks GJH)
Alle übrigen Winkel (Innenwinkel und Außenwinkel) sind jeweils Scheitelwinkel zu den genannten anderen Winkeln.

2

a $\beta = 155° = \delta, \gamma = 25°$

b $\alpha = 70°, \beta = 180°$

c $\sphericalangle$ DME = 30°, $\sphericalangle$ BMC = 70°, $\sphericalangle$ EMA = 150°

Seite 110

3

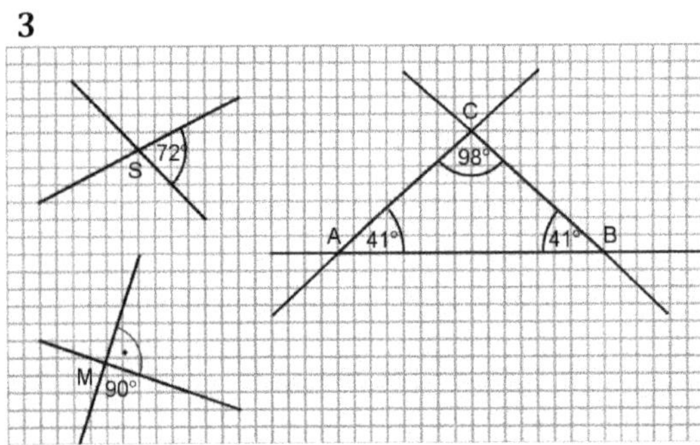

Man misst einen Winkel. Die Scheitelwinkel sind dann maßgleich, die Nebenwinkel ergänzen sich zu 180°.
Bei S entsteht ein Nebenwinkel von 108°
Bei M sind alle Winkel gleich 90°
Bei A und B entsteht ein Nebenwinkel von 139°, bei C beträgt er 82°.

4

a, b

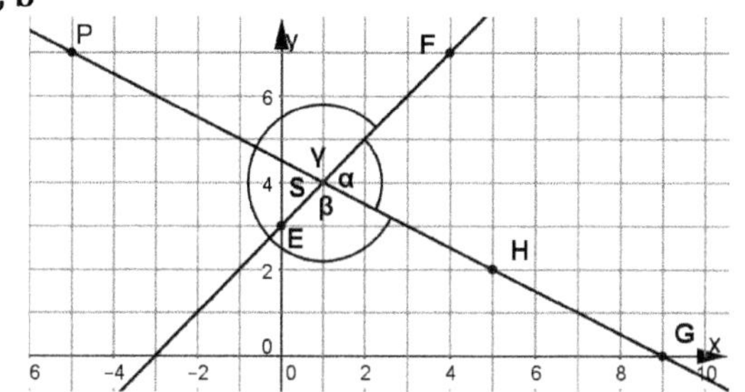

c $\alpha = 72°$

d Da $\gamma = 180°$ ist, muss β Nebenwinkel zu α sein, sein Maß beträgt dann 108°:

e P ist ein Hilfspunkt auf der Geraden GH. Der Winkel $\gamma_1 = \sphericalangle FSP = \beta$, sein Maß beträgt 108° er ist Scheitelwinkel zu β. $\gamma_2 = \alpha$, er ist der Nebenwinkel zu γ_1.

5

a Zeichenübung

b 152° (28°) und 34° (146°)

6

α	118°	153°	45,5°	90°	180°	197°
Nebenwinkel zu α	62°	17°	134,5°	90°	0°	--
Scheitelwinkel zu α	118°	153°	45,5°	90°	0°	--

Bei einem überstumpfen Winkel kann nicht von zwei sich schneidenden Geraden ausgegangen werden

7 $\beta = 110°$, $\gamma = 14°$

8

a $\alpha = 53°$

b $\alpha = 36°$

c $\alpha = 65°$, $\beta = 115°$

d $\alpha = 125°$

e Hier sind viele Kombinationen möglich.

f ($\alpha = 0° \leftrightarrow \alpha' = 180°$), $\alpha = 30° \leftrightarrow \alpha' = 150°$, $\alpha = 60° \leftrightarrow \alpha' = 120°$, $\alpha = \alpha' = 90$

9

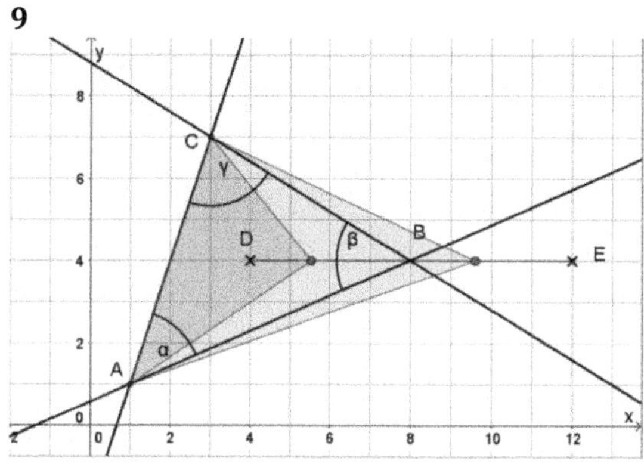

a Messung der Innenwinkel: $\alpha = 50°$, $\beta = 54°$, $\gamma = 76°$

b $\alpha' = 130°$, $\beta' = 126°$, $\gamma' = 104°$

c Wenn sich B auf D zu bewegt, wird β größer und die beiden anderen Winkel kleiner. Deren Außenwinkel werden dann größer.

d Wenn sich B auf E hin bewegt, wird β kleiner und die beiden anderen Innenwinkel größer. Deren Außenwinkel werden dann kleiner.

e Lage B = D: $\alpha = 27°$, $\beta = 117°$, $\gamma = 36°$; $\alpha' = 153°$, $\beta' = 63°$, $\gamma' = 144°$;
Lage B = E: $\alpha = 56°$, $\beta = 34°$, $\gamma = 90°$; $\alpha' = 124°$, $\beta' = 146°$, $\gamma' = 90°$;

4.9 Kreisteile

Seite 111

1 Erste Möglichkeit (gerader Schnitt): die beiden gelben Halbkreise (diese können beiden Möglichkeiten zugeordnet werden) und der violette Kreisabschnitt rechts unten im Bild.
Zweite Möglichkeit (zwei Schnitte zum Kreismittelpunkt): die beiden gelben Halbkreise, der hellblaue Kreisausschnitt links oben, der rote Kreisausschnitt ganz unten und der pinkfarbene Kreisausschnitt darüber.

Übungsaufgaben

1 Sportarten: z. B. Handball, Fußball, Hockey, Diskuswurf. Weitere Möglichkeiten.

2 Linke Figur: 13 Sektoren (davon 3 Halbkreise), 7 Segmente (davon 3 Halbkreise).
Rechte Figur: 4 Sektoren (davon 2 Halbkreise), 12 Segmente (davon 2 Halbkreise).

3 Ein Schnitt durch einen Kreis entlang eines Durchmessers liefert zwei Halbkreise, diese kann man sowohl als Sektoren als auch Segmente betrachten.

4 Es sind zwei aneinander gelegte Segmente, die eine gemeinsame Sehne haben.

Seite 112

5

a $\frac{3}{5}$ **b** $\frac{4}{8}=\frac{1}{2}$ **c** $\frac{7}{10}$ **d** $\frac{6}{16}=\frac{3}{8}$

6

a 72°

b

Kreisteile	1	2	3	4	5	6	7	8	9	10	11	12
α	360°	180°	120°	90°	72°	60°	51,43°	45°	40°	36°	32,73°	30°
natürliche Zahl	ja	ja	ja	ja	ja	ja	nein	ja	ja	ja	nein	ja

c Die Zahl 360 ist durch mehr Zahlen ohne Rest teilbar bei der Zahl 100 sind es weniger.

7 + 8 Zeichenübungen

9a, b

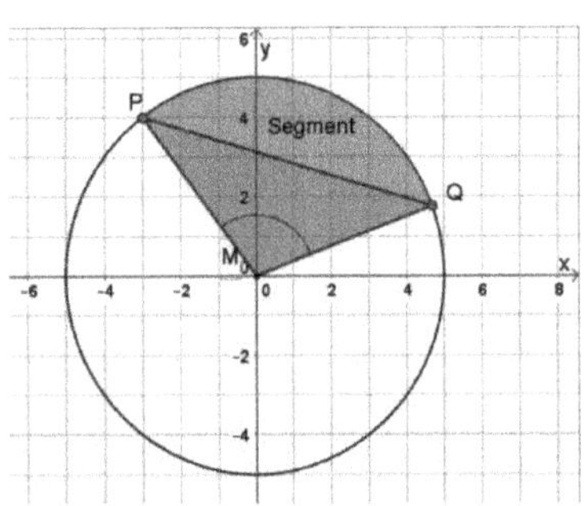

Der Öffnungswinkel ∢ QMP hat ein Maß von ca. 106°

10

a, b Mittelpunkt: B, Δ ABC ist gleichschenklig.

c Öffnungswinkel: ∢ CBA ≈ 67°

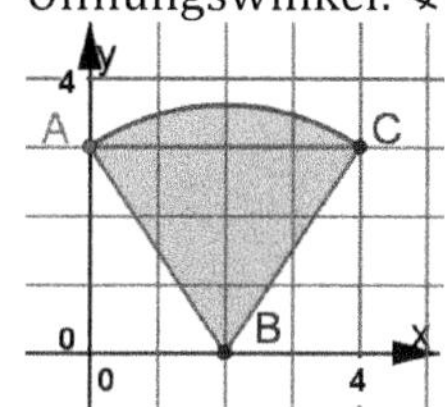

11 Der Kreissektor besteht immer aus einem gleichschenkligen Dreieck und einem Segment. Hier ist es sogar ein gleichseitiges Dreieck. Der Radius des Kreissektors ist also so, wie die Kreissehne 4 cm lang.

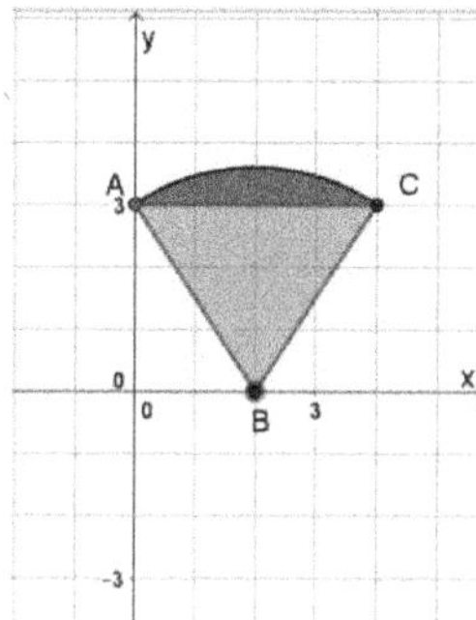

4.10 Dreiecke

Seite 113

1 Dreieck ② ist spitzwinklig und gleichseitig, die Dreiecke ④, ⑤ und ⑦ sind rechtwinklig, die Dreiecke ①und ⑧ sind stumpfwinklig.

Übungsaufgaben

1

a Dreieck zeichnen, auf Umlaufsinn achten.

b Durch Ziehen eines Eckpunktes erhält man gleichschenklige und rechtwinklige Dreiecke. Auch ein gleichseitiges Dreieck ist möglich.

c Mehrere Dreiecke mit gleichen entsprechenden Innenwinkeln sind möglich.
Mehrere Dreiecke lassen sich zu weiteren Figuren zusammensetzen: Rechtwinklige Dreiecke zu Quadraten und Rechtecken.
Individuelle Lösungen sind möglich.

Seite 114

2 a, b, c

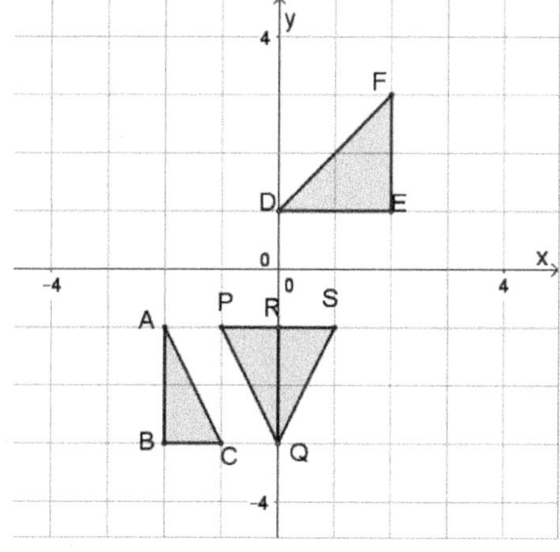

Die Dreiecke Δ DEF und Δ PQS sind gleichschenklig. Das Dreieck Δ PQS ist aus zwei Teildreiecken entstanden.

3 Der Punkt R hat die Koordinaten R(1|2)

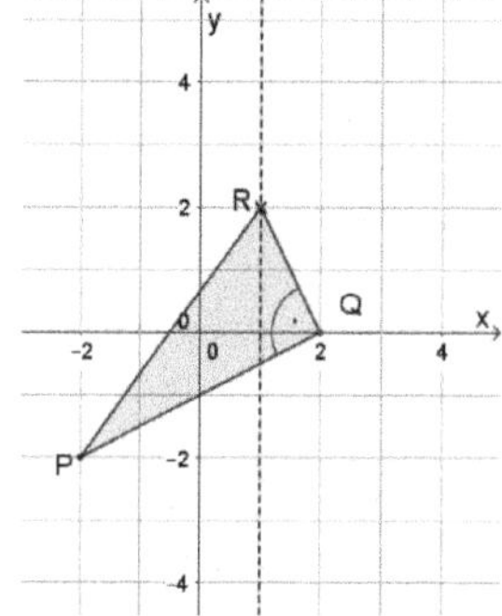

4

a 2 gleichschenklige Δ, 1 rechtw. Δ

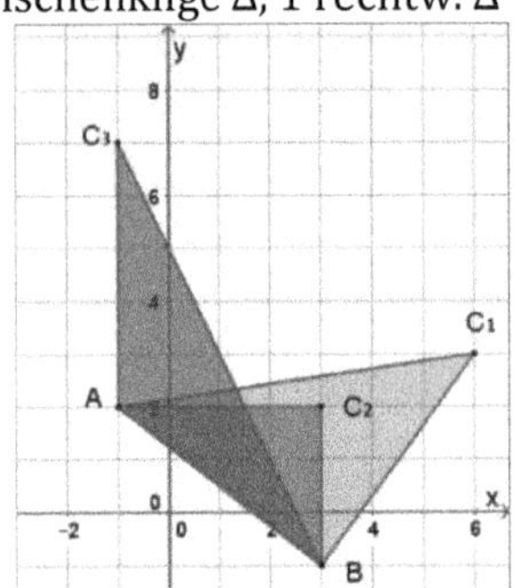

b z.B. gleichseitige und rechtwinklige Δ

5

a 2 gleichschenklige Dreiecke und ein Rechteck.

b 6 gleichseitige Dreiecke.

6

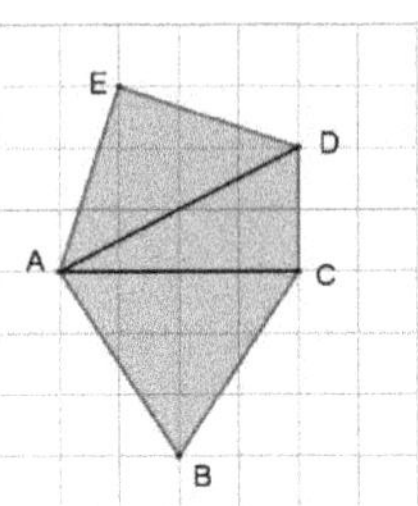

Die Schnitte müssen erfolgen entlang der Strecken $\overline{AD}$ und $\overline{AC}$. Die Dreiecke Δ ADE ($|\overline{AE}|=|\overline{ED}|$) und Δ ABC ($|\overline{AB}|=|\overline{BC}|$) sind gleichschenklig.

7 Die Dreiecke ② und ⑤ sind stumpfwinklig.

8

a

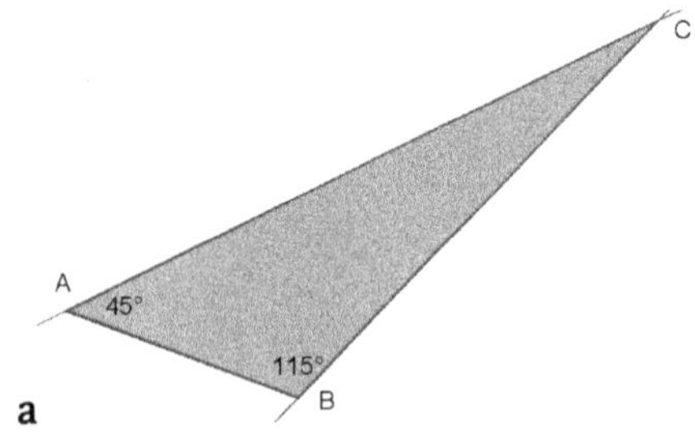

b

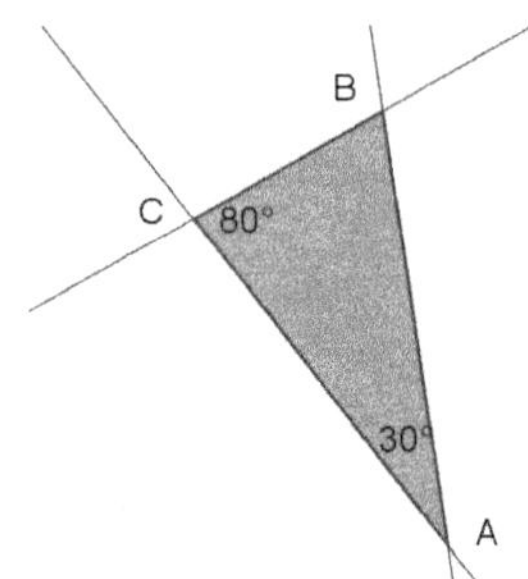

9 Es würde kein Dreieck entstehen, sondern nur zwei parallele Halbgeraden, die keinen gemeinsamen Schnittpunkt haben. Tini hat also Recht.

4.11 Vierecke

Seite 115

Auch ein konkaves Viereck hat die Eigenschaften eines Vierecks.

Seite 116

1 a

Ein Quadrat ist nicht möglich, weil der Winkel in A bereits größer als 90° ist

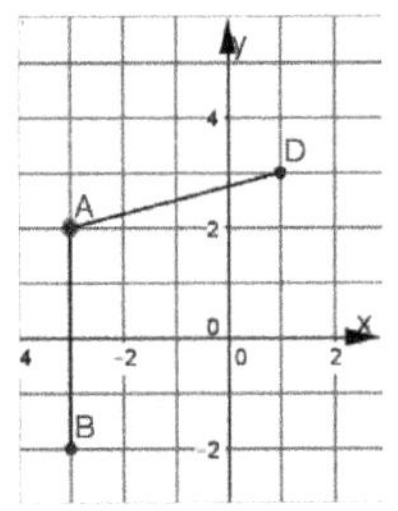

b

Alle möglichen Punkte C_n liegen auf einer Parallelen zur y-Achse: $C_n(1|y)$.

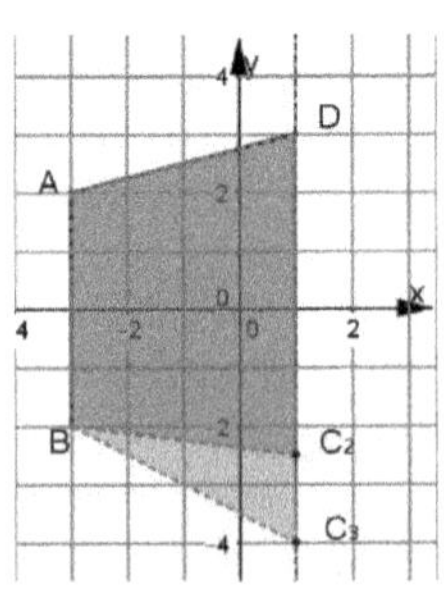

2

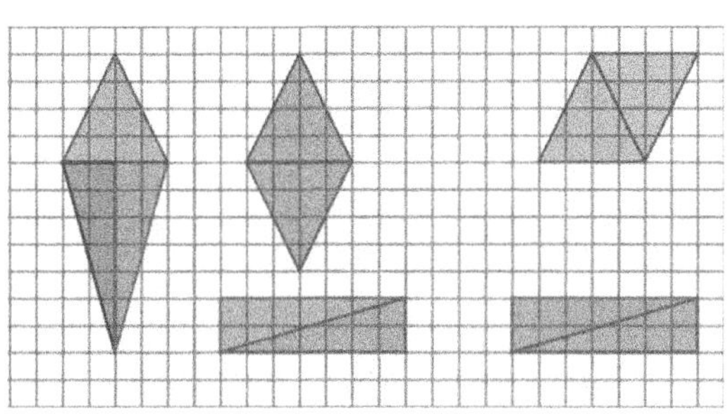

3 Zeichenübung mit einem Geometrie-Programm.

4 Zeichenübung: Die Diagonalen sind bei Rechteck und Quadrat jeweils gleich lang. Sie halbieren sich gegenseitig. Beim Quadrat stehen sie auch noch aufeinander senkrecht.

5 Zeichenübung.
Hier sind die Diagonalen zwar nicht gleich lang, sie halbieren sich aber gegenseitig. Bei der Raute stehen sie außerdem senkrecht aufeinander.

6

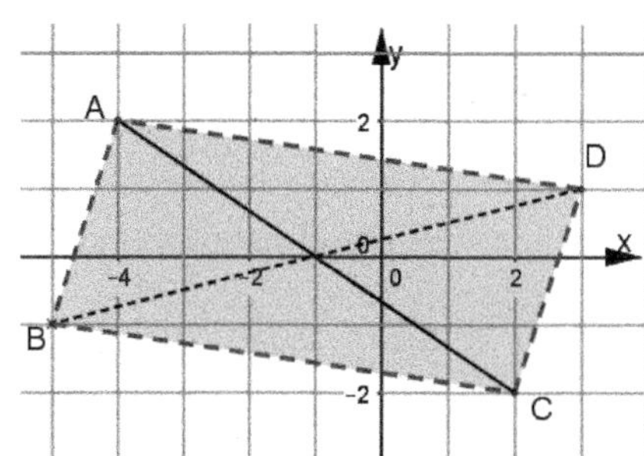

Der Mittelpunkt der Strecke $\overline{AC}$ muss zunächst bestimmt werden. Dann verbindet man D damit und verlängert diese Strecke über den Mittelpunkt um den gleichen Betrag hinaus. Der Endpunkt muss der Punkt B sein, weil sich in einem Parallelogramm die Diagonalen gegenseitig halbieren

4.12 Körper im Überblick

Seite 117

a Zum Beispiel Zelte, eine Mülltonne, Bälle unterschiedlicher Größe, eine Litfaßsäule, die Sonne, Kisten, Spielkegel, Eistüte, Spielpyramiden, Spielwürfel, Schokokugeln, ein Schokoriegel (?), kegelförmige Pralinen.

b

Gruppe 1	Zelte	Kisten	Schokoriegel	Spielpyramiden	Spielwürfel
Gruppe 2	Mülltonne	Bälle, Schokokugeln	Eistüte	Litfaßsäule	Kegel, Pralinen

c Individuelle Lösungen.

Seite 118

Übungsaufgaben

1 Eckpunkte: Das Prisma ① hat 6 Eckpunkte, Der Würfel ② hat 8 Eckpunkte, ebenso der Quader ③.
Seitenkanten: Das Prisma ① hat 9 Seitenkanten. Der Würfel ② hat 12 Seitenkanten genau, wie der Quader ③

2

a richtig
b falsch
c richtig
d falsch
e richtig
f richtig (Beispiel: Tetraeder)
g falsch
(Gegenbeispiel: Quader)

Seite 119

3

a Pyramiden und Kegel
b Prismen (mit gleichseitigem Dreieck als Grundfläche!), Würfel
c Prismen, Quader, Würfel (da ein Quadrat auch ein Rechteck ist)
d Prismen, Pyramiden
e gerade Pyramiden mit einem regelmäßigen Vieleck als Grundfläche
f Zylinder

4

a fünfseitige Pyramide
b Kegel
c sechsseitiges Prisma
d Würfel
e Quader
f individuelle Lösungen (Beispiel: Ein Rechteck als Mantel und zwei Kreise als Grund- und Deckfläche, oder: Als Grundfläche ein Dreieck, als Mantel 3 Rechtecke, keine Spitze, o.ä.)

5 Alle drei Körper sind Prismen, denn Grund- und Deckfläche sind jeweils zueinander parallele und kongruente Figuren und die rechteckigen Seitenflächen sind senkrecht zu Grund- und Deckfläche.
a Die Grundfläche ist ein Trapez, dieses Prisma ist auf einer Seitenfläche liegend dargestellt.
b Die Grundfläche ist ein Sechseck.
c Die Grundfläche ist ein Dreieck.

6

	Bild	links		Mitte	rechts	
a	mögliche Körper (Beispiele)	Quader	Dreiecksprisma	Fünfeckpyramide	Dreiecksprisma	Dreieckspyramide

	Körper	Würfel	Quader	fünfseitiges Prisma	quadratische Pyramide
b	benötigte Spieße	12	12	15	8
	benötigte Knetkugeln	8	8	10	5

c

c	fehlende Spieße	7	2	5	5	2
	fehlende Knetkugeln	2	0	0	2	0

7

a Quader, Prisma, rechteckige Pyramide, Zylinder (liegend)
b dreiseitiges Prisma, Pyramide, Kegel
c Zylinder, Kegel, Kugel
d fünfseitiges Prisma, fünfseitige Pyramide

8

a Zylinder (Mantelfläche lässt sich zu einem Rechteck abrollen); auch möglich: Sechs- oder mehrseitiges Prisma (lässt sich ebenfalls abrollen, Mantel besteht aus Rechtecken)
b Kegel (Mantelfläche lässt sich zu einem Kreisausschnitt abrollen)

9

① Die Körper sind Prismen, denn Grund- und Deckfläche sind jeweils zueinander parallele und kongruente Trapeze und die rechteckigen Seitenflächen stehen auf Grund- und Deckfläche senkrecht.
② Die hier entstandenen Körper sind keine Prismen, denn es lassen sich keine zueinander parallelen und kongruenten Grund- und Deckflächen finden. Der rechte Körper ist eine Dreieckspyramide.

4.13 Würfel, Würfelnetze

Seite 120

1

a Beispiel: Ein Würfel hat sechs gleich große quadratische Seitenflächen, zwölf gleich lange Kanten und acht Eckpunkte. Benachbarte Flächen stehen zueinander senkrecht, in den Ecken zusammentreffende Kanten ebenfalls. In jeder Ecke stoßen drei Kanten und drei Flächen aufeinander.

b Ein Würfel lässt sich durch Zeichnen, Ausschneiden, Falten und Zusammenkleben eines Würfelnetzes mit Klebefalzen basteln.

2 + 3 Bastelübungen

Übungsaufgaben

1 Mögliche Lösungen:

①

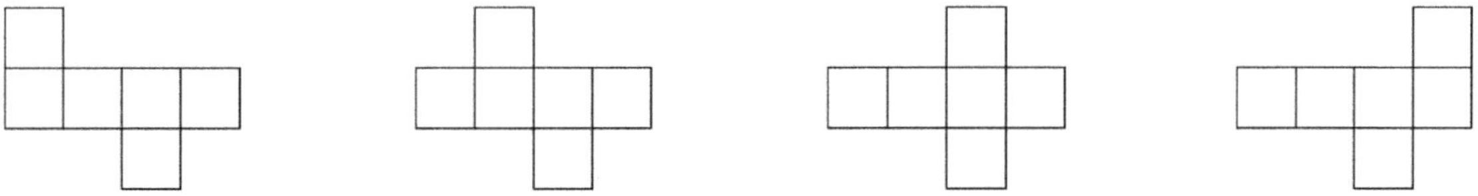

②

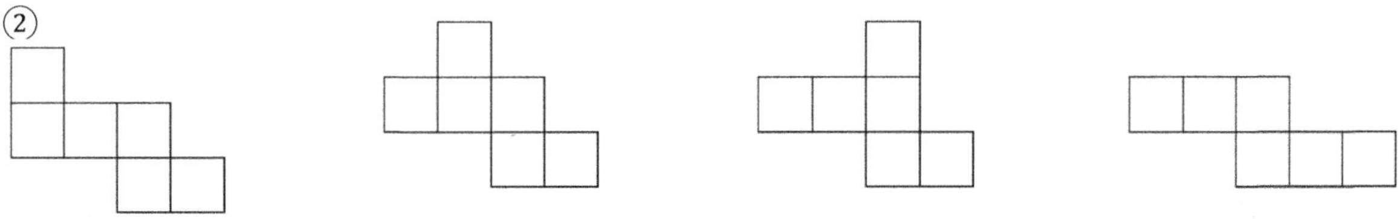

③

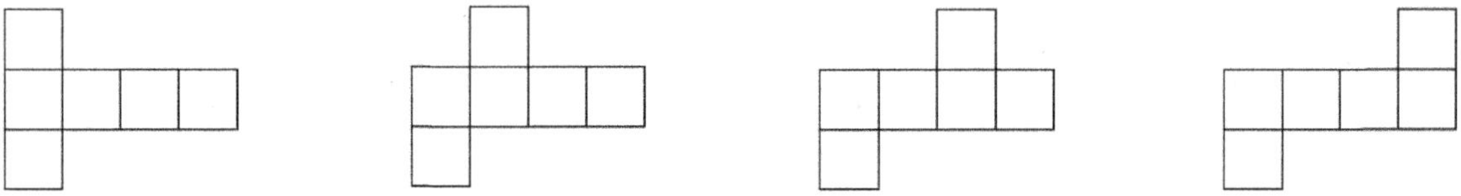

2 Konstruktionsübungen

a

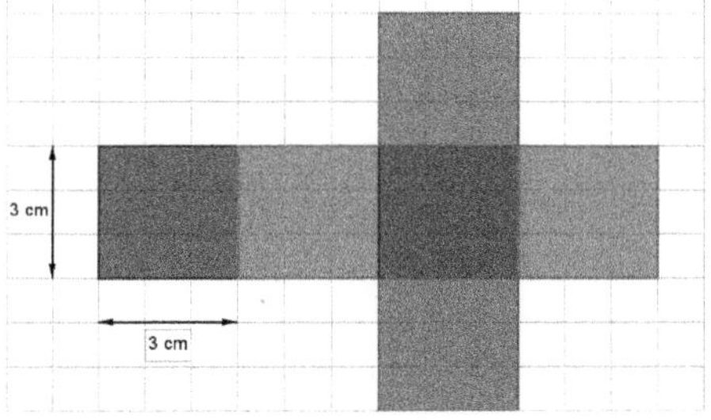

3 cm

3 cm

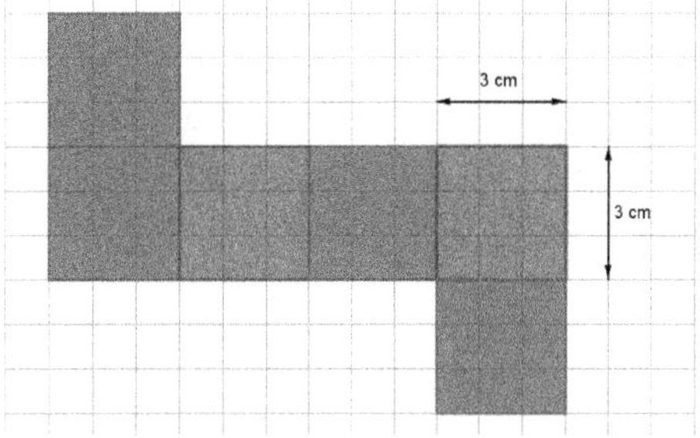

3 cm

3 cm

Vergleichbare Netze in Aufgabe 1.

b Zeichenübung

Seite 121

3

a Die Figuren ① und ② sind Würfelnetze, da sich aus ihnen Würfel falten lassen. Die Figuren ③ und ④ sind keine Würfelnetze, da hier jeweils eine Würfelfläche doppelt vorhanden ist und dafür eine andere fehlt.

b Mögliche Änderungen:

③ Beispiel:

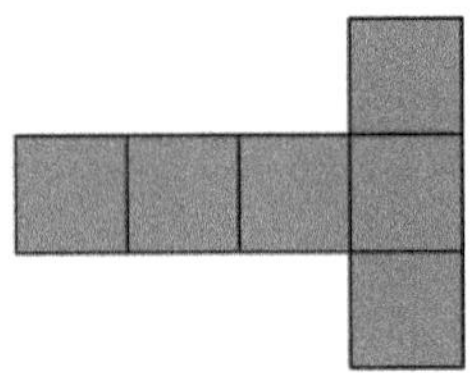

④ Beispiel:

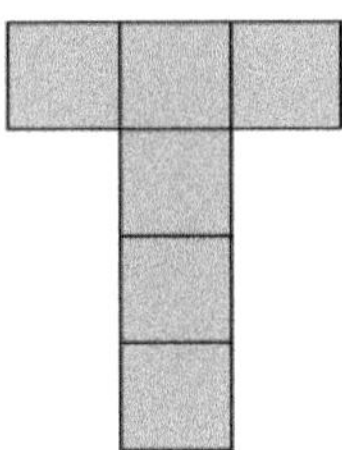

4

a Die Summe der Augenzahlen gegenüberliegender Würfelflächen ergibt immer 7.

b Beispiel:

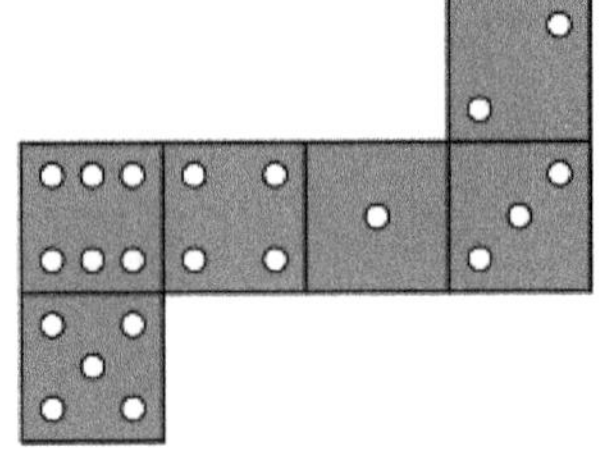

Andere Varianten der Verteilung sind möglich.

5

a

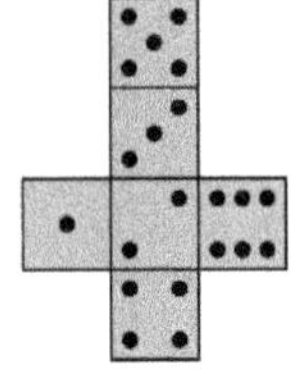

b

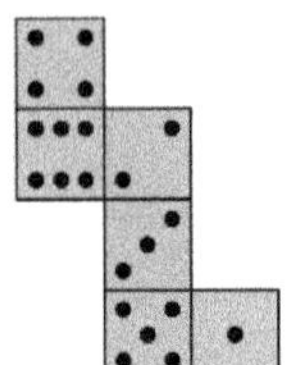

c

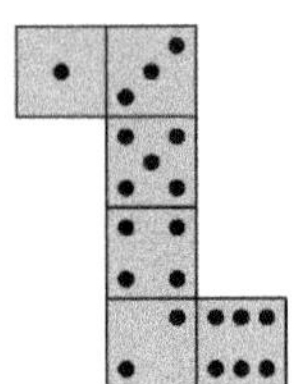

d individuelle Lösungen

6

a Der roten Fläche liegt die weiße Fläche gegenüber. Begründung: Man erhält das mittlere Bild aus dem linken, indem man den Würfel um seine senkrechte Symmetrieachse im Uhrzeigersinn um einen rechten Winkel dreht. Hierbei verschwindet links die weiße Fläche und rechts kommt die rote Fläche zum Vorschein. Folglich müssen sich beide Flächen gegenüberliegen.
(Außerdem liegt der gelben Fläche die schwarze sowie der blauen Fläche die grüne gegenüber. Man erhält die rechte Abbildung aus der mittleren, indem man den Würfel einmal nach vorn kippt, dabei verschwindet die gelbe Fläche nach unten und oben erscheint die schwarze. Also liegen sich sich diese beiden Flächen gegenüber. Die nirgends sichtbare grüne Fläche muss dann der blauen Fläche gegenüberliegen.)

b Keines der dargestellten Netze gehört zu dem Farbwürfel. Begründung:

①, ④ Dreht man den fertig gebastelten Würfel so, dass wie im linken Bild die weiße Fläche nach vorn und die gelbe nach rechts zeigt, so kommt die blaue Fläche unten statt oben zu liegen. (Der Zusammenbau des Würfels gelingt jedoch, falls die Rückseiten der Flächen des Netzes so wie die Vorderseiten gefärbt sind und beim Zusammenfalten nach außen kommen.)

②, ③ Der gelben Fläche liegt nicht die schwarze gegenüber.

c individuelle Lösungen

7 Beispiel (Darstellung verkleinert):

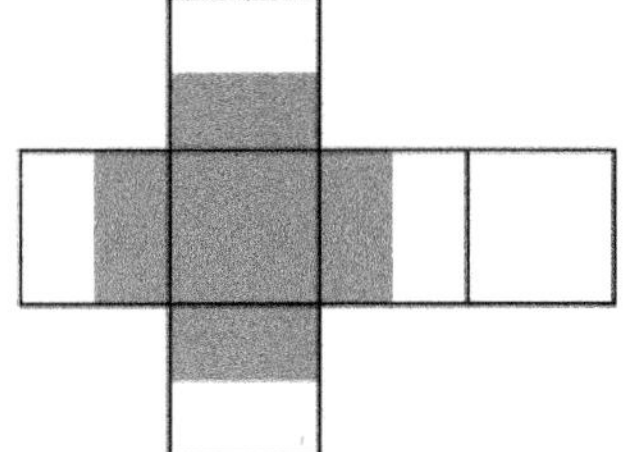

4.14 Quader, Quadernetze

<u>Seite 122</u>

1 Es kann kein Würfel sein, da die Flächen rechteckig sind. Ein Würfel hat quadratische Flächen.

2 Unterschiede:

Würfel	Quader
quadratische Seitenflächen	rechteckige Seitenflächen
alle Flächen sind deckungsgleich	gegenüberliegende Flächen sind deckungsgleich
12 gleich lange Kanten	je 4 gleich lange Kanten

Gemeinsamkeiten: 6 Flächen, 8 Ecken, 12 Kanten, 24 rechte Winkel, gegenüberliegende Flächen sind zueinander parallel, benachbarte Flächen stehen aufeinander senkrecht.

Übungsaufgaben

1 Bastelübung

2 Zeichenübung.

Beispiel: (Darstellung verkleinert.) Andere Varianten sind möglich

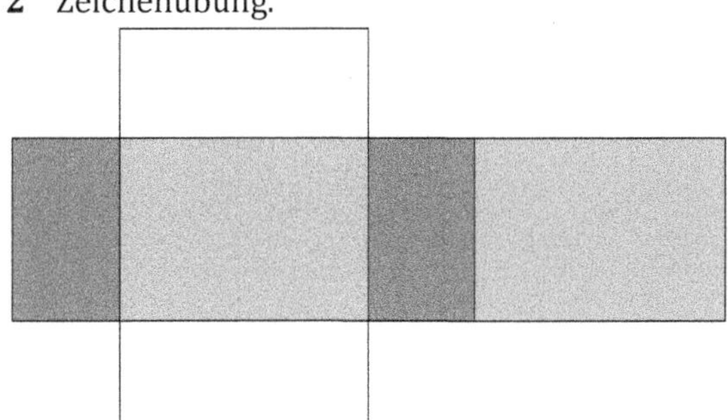

Seite 123

3

a kein Quadernetz (nur fünf Flächen vorhanden)

b Quadernetz (lässt sich zu einem Quader falten)

c kein Quadernetz (Flächen in vier verschiedenen Größen vorhanden)

d kein Quadernetz (gegenüberliegende Flächen sind in zwei Fällen nicht zueinander kongruent)

4 Netz ① gehört zu Quader B. Begründung: Die vordere und die rechte Fläche sind bereits in der richtigen Lage zueinander zu sehen. Die graue Fläche kommt beim Zusammenfalten nach oben.
Netz ② gehört zu Quader A. Begründung: Vordere, linke und rechte Fläche liegen in der richtigen Lage zueinander. Die schraffierte Fläche kommt dann beim Zusammenfalten nach oben.
Netz ③ gehört zu keinem der beiden Quader, da hierzu wenigstens eine der beiden kleinen Flächen senkrecht schraffiert oder grau sein müsste.

5 Zeichenübung(en)

a Zwei aneinander liegende Kanten sind nicht gleich lang!

b Mehrere Varianten möglich.

6 Bezeichnungen: r = rot; b = blau; g = grün; v = violett. Es gibt vier Lösungsmöglichkeiten:

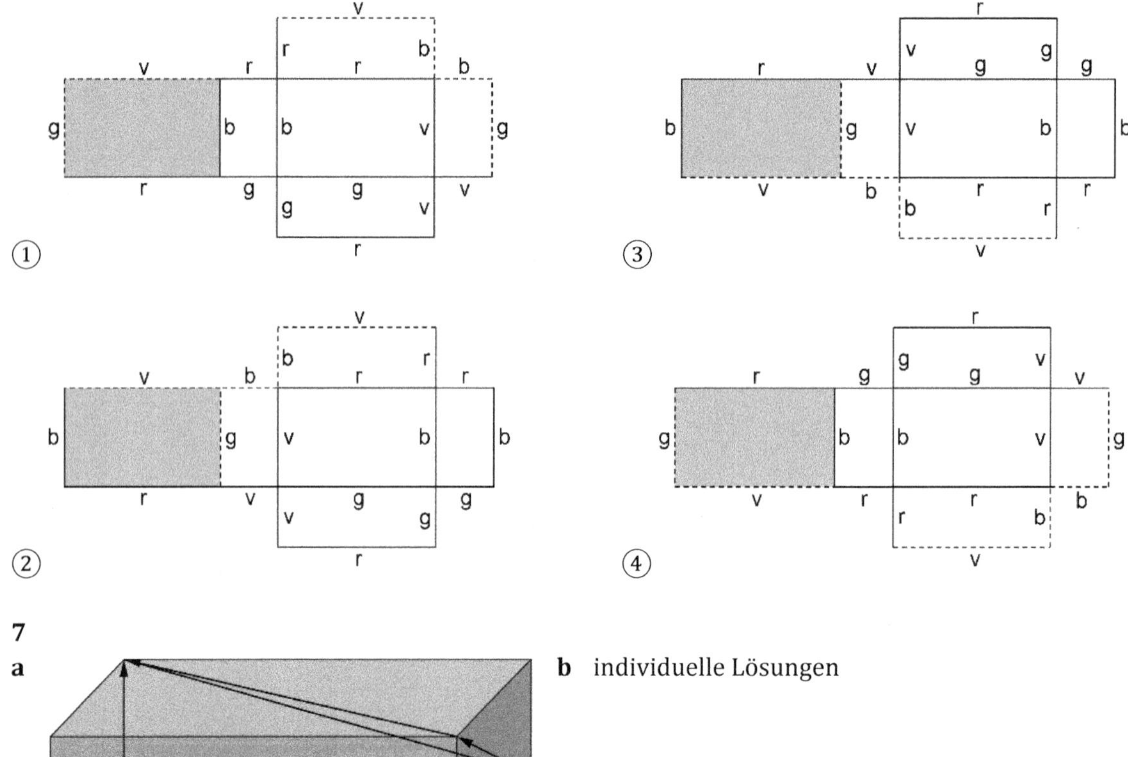

7

a

b individuelle Lösungen

8 Vier Varianten:

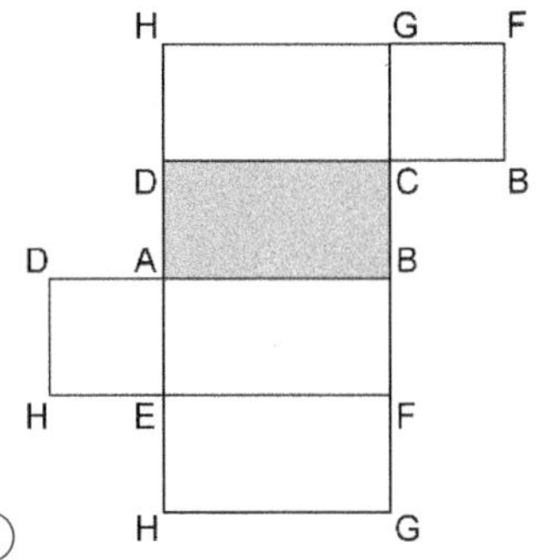

①

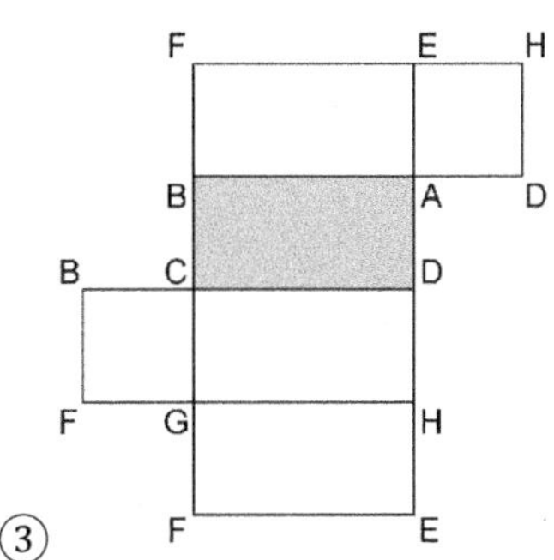

③

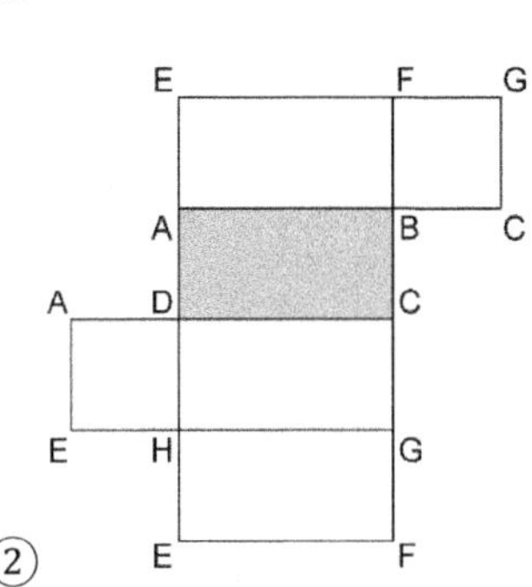

②

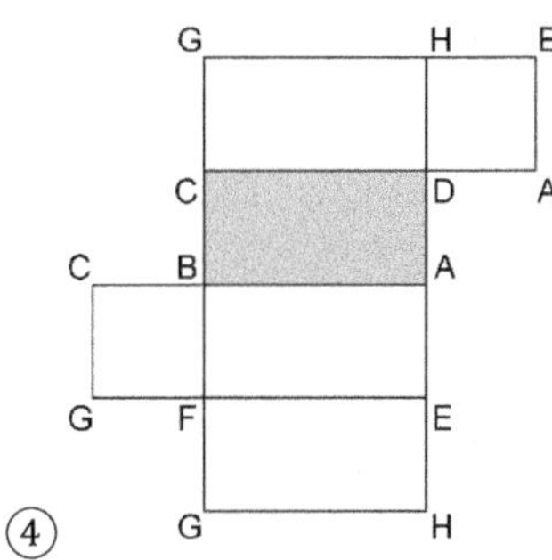

④

4.15 Schrägbild von Quader und Würfel

Seite 124

1

Die räumlich nach hinten verlaufenden Seitenkanten müssen alle unter einem bestimmten Winkel gezeichnet werden, damit sie zueinander parallel verlaufen.

2 Unsichtbare Kanten werden als gestrichelte Linien gezeichnet.

Übungsaufgaben

1a, b, c, d

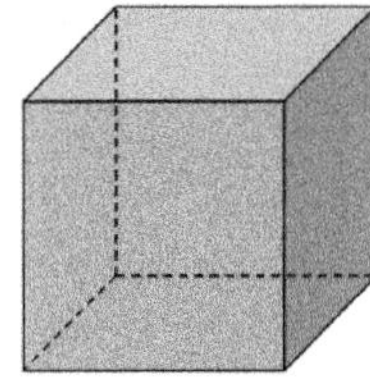

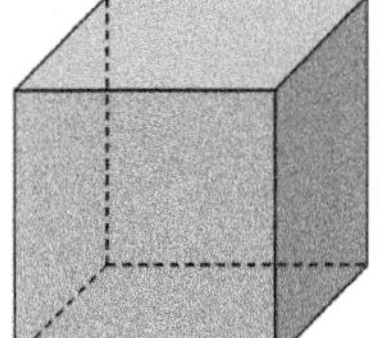

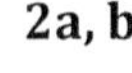

2a, b

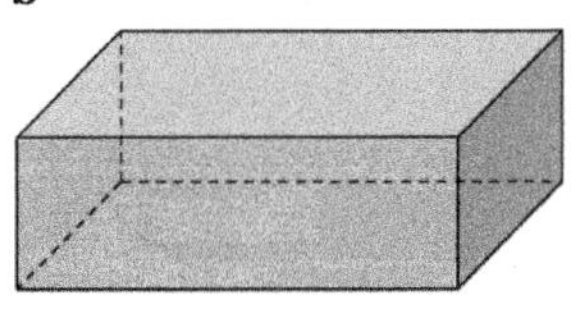

Weitere Variationen mit unterschiedlichen Kantenlängen, gemäß Angabe

3

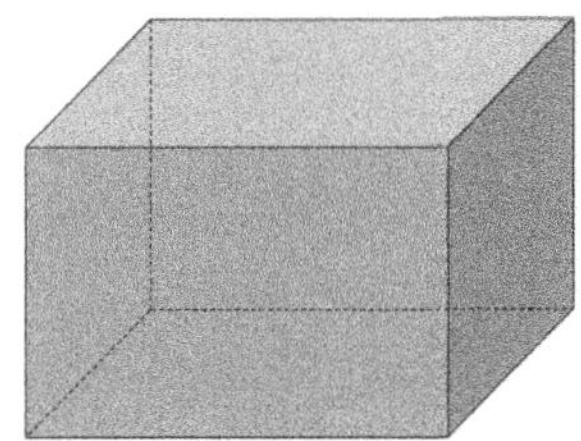

Seite 125

4 – 6 Zeichenübungen

7

a

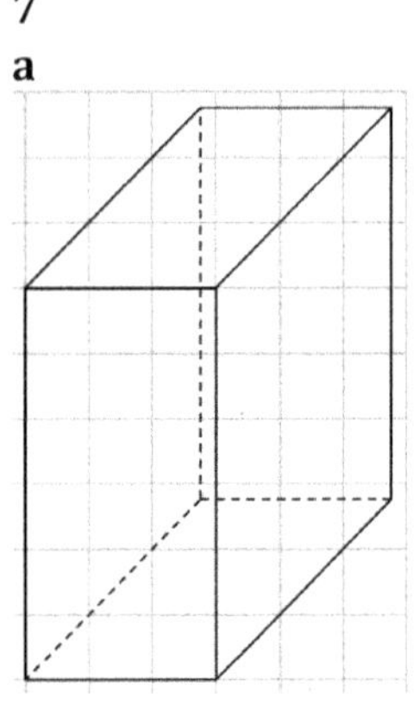

b

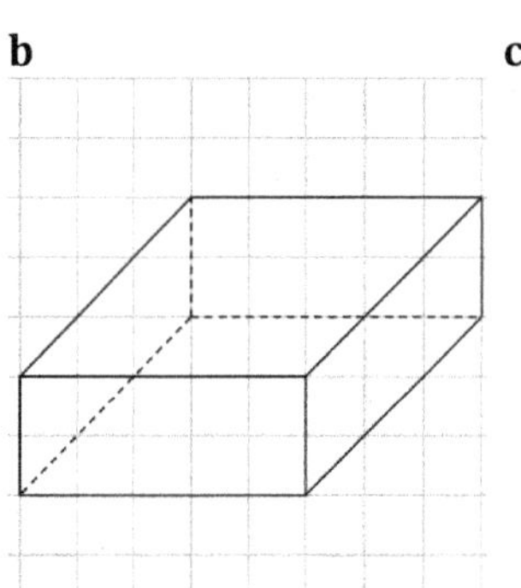

c

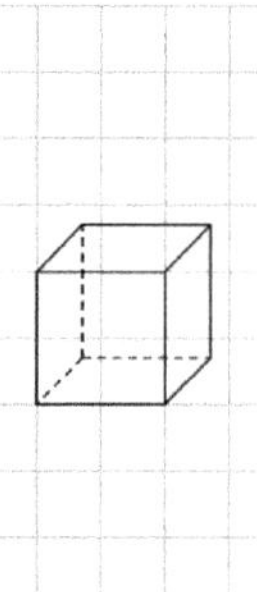

d

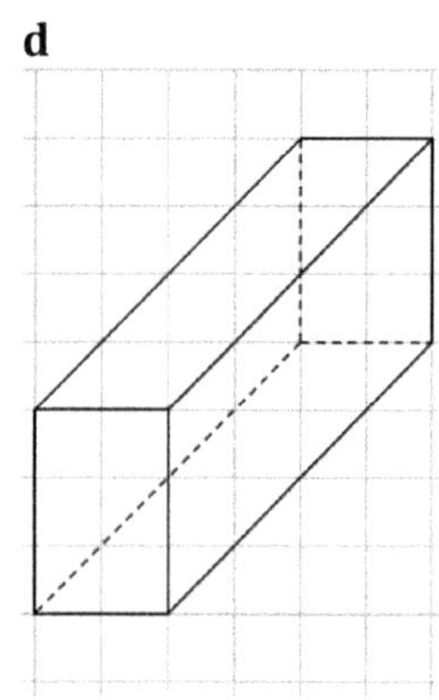

8

a Verschiedene Ansichten:

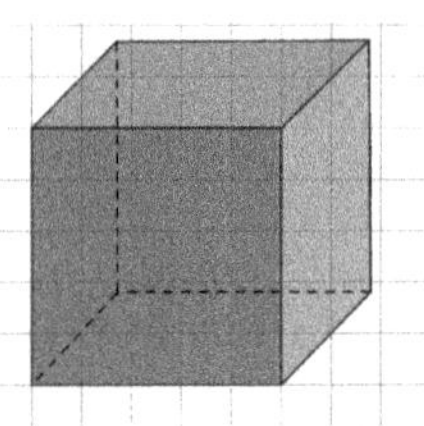

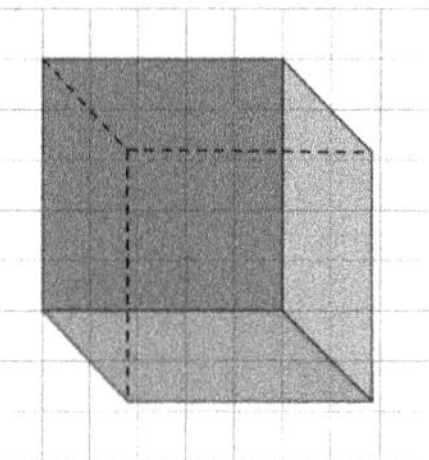

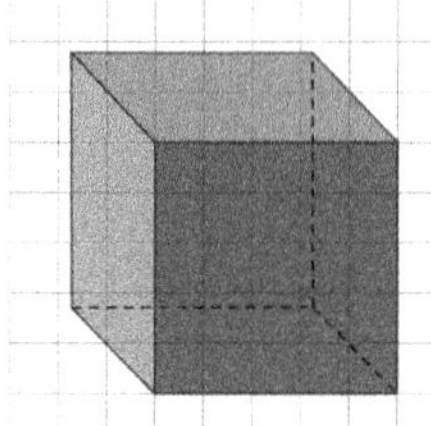

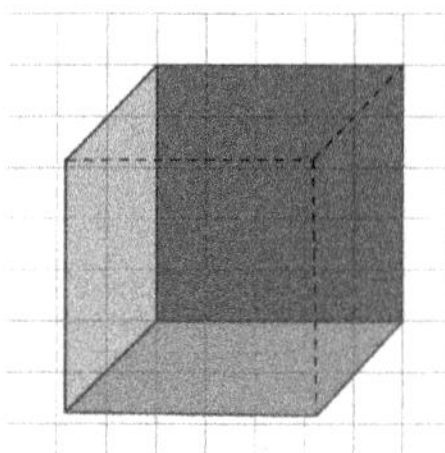

b Zeichenübung.: Beispiel für a = 6 cm, b = 4 cm und c = 2 cm. Variationen des Schrägbildes, wie in Aufgabe a

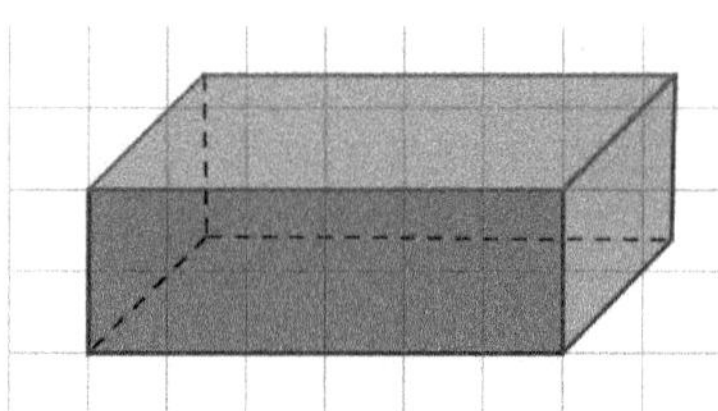

4.18 Mehr zum Thema: SOMA-Würfel

Seite 134

1 Alle drei Figuren bestehen aus jeweils 27 Einzelwürfeln. Es kann also kein Teil übrig bleiben.

2 Der Quader lässt sich wie folgt zusammensetzen: Vorn links befindet sich das erste Teil aus der zweiten Reihe der Abbildung oben rechts. Hinten links wird das zweite Teil der zweiten Reihe angefügt. Auf der rechten Seite des Körpers wird schließlich das zweite Teil der ersten Reihe aufgesetzt.

3 Übung zum Zusammensetzen von SOMA-Teilen

5 Größen

5.1 Was sind Größen?

Seite 136

1
Bei den Zahlenangaben fehlen die Einheiten: kg beim Gewicht, m bei Länge und Schulterhöhe, a (Jahre) bei der Lebensdauer.

Übungsaufgaben

1

a Es passen zusammen: Millimeter und cm (Längeneinheiten); Tag, h und Minute (Zeiteinheiten); t und kg (Masseeinheiten), Liter und ml (Volumeneinheiten), außerdem erscheint noch € (Geldeinheit).

b

Größe	Maßeinheit	Abkürzung	Messgerät	Vergleichsgröße
Länge	Kilometer	km	Fahrradtacho	12 min Fußweg
	Meter	m	Maßband	Türbreite
	Dezimeter	dm	Tafellineal	Durchmesser einer CD
	Zentimeter	cm	Lineal	Radius einer 20-ct-Münze
	Millimeter	mm	Lineal	Dicke einer 1-ct-Münze
Gewicht	Tonne	t	Fahrzeugwaage	Pkw
	Kilogramm	kg	Gemüsewaage	Tüte Zucker
	Gramm	g	Briefwaage	Blatt Papier
	Milligramm	mg	Apothekerwaage	Sandkorn
Zeit	Sekunde	s	Stoppuhr	ein-/ausatmen
	Minute	min	Uhr	Halt einer Straßenbahn
	Stunde	h	Uhr	1. Halbzeit und Pause beim Fußball
	Tag	d	Uhr	Silvester
	Woche		Kalender	Herbstferien
	Monat		Kalender	Adventszeit
	Jahr	a	Kalender	Dauer der 10. Klasse
Geld	Euro	€	Geldzählmaschine	Straßenbahnfahrkarte (ermäßigt)
	Cent	ct	Münzenscanner	Was kann man für 1 ct kaufen?
Hohlmaß	Liter	l	Messbecher	Tetrapack
	Milliliter	ml	Standzylinder	Hubraum bei Motoren
				Spritze

Seite 137

Größen abschätzen und messen

2

a Die Münze dient als allgemein bekannte Vergleichsgröße.

b Länge: etwa 13 cm; Breite: etwa 10 cm. Individuelle Lösungen. Die Hand eines Schülers dürfte kleiner ausfallen. Überprüfung der Schätzung: Abdruck ausmessen und anhand des Durchmessers der Euromünze vergleichen.

3 Individuelle Lösungen

Größen vergleichen und ordnen

4

a Keine Größen sind: die Heimat bei den Tieren, die Stückzahl beim Flugzeug.

b Folgende Angaben können verglichen werden: Längen und Höhen untereinander; Gewichtsangaben untereinander; Altersangaben untereinander und mit der Einsatzdauer des Flugzeugs; Geschwindigkeiten; Heimat der Tiere (ob es dieselbe ist oder nicht, Größen der Verbreitungsgebiete).

c individuelle Lösungen

5 Individuelle Lösungen

5.2 Geld

Seite 138

1

a Weitere Münzen: 1 ct, 2 ct, 5 ct. Weitere Scheine: 5 €, 20 €, 200 €, 500 €.
Übersicht aller Münzen: 1 ct, 2 ct, 5 ct, 10 ct, 20 ct, 50 ct, 1 €, 2 €.
Übersicht über alle Scheine: 5 €, 10 €, 20 €, 50 €, 100 €, 200 €, 500 €.

b Belgische Franc, Deutsche Mark, Estnische Krone, Finnmark (Finnland), Französische Franc, Griechische Drachmen, Irische Pfund, Italienische Lire, Luxemburgische Franc, Maltesische Lire (Malta), Niederländische Gulden, Schilling (Österreich), Escudos (Portugal), Slowakische Krone, Slowenische Tolar, Peseten (Spanien), Zypriotische Pfund.

c Pfund Sterling (Großbritannien), Schweizer Franken (Schweiz und Lichtenstein), Konvertible Mark (Bosnien und Herzegowina), Lew (Bulgarien), Dänische Krone, Gibraltar (Pfund), Kuna (Kroatien), Moldauischer Leu (Moldavien), Neue Lira (Nordzypern), Zloty (Polen), Rumänischer Leu, Schwedische Krone, Serbischer Dinar, Norwegische Krone, Forint (Ungarn)

d Beispiele: Argentinischer Peso, Australischer Dollar, Brasilianischer Real, Remnibi Yuan (China), Kanadische Dollar, Kenia Schilling, Neuseeland Dollar, Rand (Südafrika), Baht (Thailand), US-Dollar (in vielen Ländern), Dòng (Vietnam)

2 Marcel benötigt 119 Ein-Cent-Münzen.

Übungsaufgaben

1 Jule bekommt 85 Cent, denn die Ziffern nach dem Komma geben den Cent-Betrag an.
(Weitere Lösungsmöglichkeiten: 185 ct oder 285 ct, wenn keine Euromünzen darin waren.)

2

a 8 € 36 ct

b 33 € 54 ct

c 132 € 95 ct

d 8573 € 57 ct

e 483 € 2 ct

f 28 453 € 5 ct

3

a 13,45 € = 1345 ct; 2374 ct = 23,74 €. Man teilt die Anzahl Cents durch Hundert und erhält den Betrag in Euro als Dezimalzahl. Oder: Man multipliziert den Betrag in Euro mit 100 und erhält den Betrag in Cent.

4

a 385 ct = 3,85 € = 3 € 85 c
b 110 ct = 1,10 € = 1 € 10 ct
c 366 ct = 3,66 € = 3 € 66 ct
d 2145 ct = 21,45 € = 21 € 45 ct
e 438 ct = 4,38 € = 4 € 38 ct
f 5399 ct = 53,99 € = 53 € 99 ct
g 101 ct = 1,01 € = 1 € 1 ct
h 50 ct = 0,50 € = 0 € 50 ct
i 120 005 ct = 1200,05 € = 1200 € 5 ct

Seite 139

5

a 8,50 € **b** 5,99 € **c** 15,45 € **d** 222,22 €

6

a 5067 ct **b** 233 ct **c** 6771 ct **d** 983 535 ct

7

a 129,04 € **b** 4,05 € = 405 ct **c** 0,78 €

8 individuelle Lösungen

9 Ina rechnet zuerst 356 ct in 3,56 € um und addiert dann. Hierbei müssen jeweils die Kommas untereinander stehen. Josh rechnet zuerst 7,83 € in 783 ct um und addiert dann.

10

a 2407 ct = 24,07 €
b 1320 ct = 13,20€
c 1311 ct = 13,11€
d 3885 ct = 38,85€ (größtes Ergebnis)

11

46 278 ct - 24 € = 438,78 €; 5 € + 3 ct = 5,03 €
Fehler bei den anderen Lösungen:

- 5,30 €: Verwechslung 3 ct = 0,03 € und nicht 0,30 €.
- 46 254 ct: Es wurden 24 ct subtrahiert.

12

a 7 € 42 ct **b** 1112 ct = 11 € 12 ct **c** 18 € 63 ct

13

a

23 € 12 ct - 1972 ct = 3 € 40 ct
3,25 € + 23 € 12 ct + 1972 ct = 46,09 €
1972 ct + 1535 ct = 35,07 €
3,25 € + 23 € 12 ct - 1535 ct = 1102 ct
1972 ct - 1535 ct + 3,25 € = 7 € 62 ct

b Linas Aussage stimmt nicht, denn es ist z. B. 3,25 € + 23 € 12 ct = 26 € 37 ct.
Für die Endziffer des Centbetrages der Summe ist die Aussage jedoch richtig.
Auch Elkes Aussage stimmt nur für die Endziffer des Centbetrages, wobei die Endziffer 4 nicht auftreten kann.
Heikos Aussage stimmt. An der Endziffer des Cent-Betrages kann man in der Tat erkennen, ob mit zwei oder drei Geldbeträgen gerechnet wurde. Wird mit drei Geldbeträgen gerechnet, so ist die Endziffer des Zwischenergebnisses nach der Addition oder Subtraktion der ersten beiden Geldbeträge gleich 7, 0 oder 4. Wird nun ein weiterer Geldbetrag mit der Endziffer 2 oder 5 addiert oder subtrahiert, so können folgende Endziffern des Ergebnisses auftreten (weiße Tabellenfelder):

		+ 2	- 2	+ 5	- 5
	7	9	5	2	2
	0	2	8	5	5
	4	6	2	9	9

Die Endziffern 7, 0 und 4 kommen also bei drei Geldbeträgen im Ergebnis nicht vor. Folglich gilt:
- Hat das Ergebnis die Endziffer 7, 0 oder 4, dann wurde mit zwei Zahlen gerechnet.
- Hat das Ergebnis die Endziffer 2, 5, 6, 8 oder 9, dann wurde mit drei Zahlen gerechnet.
- Hat das Ergebnis die Endziffer 1 oder 3, dann wurde ein Fehler gemacht.

14 Arndt multipliziert Euro-Beträge und Cent-Beträge getrennt.
Helge rechnet in Cent um und multipliziert den Cent-Betrag.
Franziska multipliziert Euro-Beträge, 10-Cent-Beträge und 1-Cent-Beträge getrennt.
Das Ergebnis der Rechnung lautet 21,42 €. Was die eigene Methode betrifft, so wird man sich sicher nicht genau festlegen können.

15
a 4862 €
b 34,38 €
c 101,20 €
d 43 €
e 3,90 €
f 3,50 €

16

	zu zahlen	gegeben	Rückgeld
a	13,08 €	15,00 €	1,92 €
b	114,95 €	120,95 €	6,00 €
c	29,39 €	50,39 €	21,00 €
d	42,60 €	200,00 €	157,40 €
e	21,13 €	25,00 €	3,87 €

In den Fällen **b** und **c** hat der Kunde so bezahlt, dass nicht unnötig viel Wechselgeld an der Kasse entsteht.

5.3 Masse

Seite 140

1
a individuelle Schätzungen
b Das Gewicht kann durch Wägung mithilfe einer geeigneten Waage überprüft werden.
c z. B. Tonne (t), Dezitonne (dt), Kilogramm (kg), Gramm (g), Milligramm (mg), Mikrogramm (µg)
d Tonne oder Kilogramm
e individuelle Lösungen

Übungsaufgaben

1 Individuelle Lösungen, z.B: Tisch, Stühle, Pult, Overhead-Projektor, Klassenbuch, Luft im Klassenzimmer (!), Schultasche…

2 Pkw: t; Orange: g; Briefmarke: mg; Stuhl: kg; Wurststück: g; Pferd: kg; Bindfaden: mg; Flugzeug: t; Moped: kg; Lkw: t; Geldstück: g

3 Beide Ladungen haben die gleiche Masse. Der Unterschied besteht darin, dass eine Tonne Styropor viel mehr Raum benötigt als eine Tonne Eisen, man braucht also eine größere Ladefläche.

4 Bei diesem Verkehrsschild gilt ein Verbot für Fahrzeuge mit einer höheren Gesamtmasse als auf dem Schild angegeben.

5 Eine Personenwaage ist nicht dafür ausgelegt, Massen von weniger als 500 g zu erfassen. Da die Streichholzschachtel weniger als 500 g wiegt, kann die Waage ihr Gewicht nicht anzeigen.

6 Die Umrechnungszahl bei Gewichtseinheiten ist 1000.

7 3,27 t = 3270 kg = 3 270 000 g = 3 270 000 000 mg
0,015 018 t = 15,018 kg = 15 018 g = 15 018 000 mg
0,000 02 t = 0,02 kg = 20 g = 20 000 mg

<u>Seite 141</u>

8 Der Händler hat aufgerundet, er hat sich nicht vertan.

9 Tims großer Bruder wiegt 61 kg.
Saskias Mutter wiegt 34 kg mehr als ihre Tochter. Oder: Saskia wiegt 34 kg weniger als ihre Mutter.

10
a 3000 g **b** 25000 mg **c** 50400 g **d** 400 kg

11
a 70 t **b** 26 kg **c** 5 g **d** 45 t

12
a 4 kg 852 g **b** 1 g 543 mg **c** 11 kg 5 g **d** 44 t 45 kg

13
a 8,784 kg = 8 kg 784 g = 8784 g
8,084 kg = 8 kg 84 g = 8084 g
8,004 kg = 8 kg 4 g = 8004 g

b 4,3 t = 4 t 300 kg = 4300 kg
4,03 t = 4 t 30 kg = 4030 kg
4,003 t = 4 t 3 kg = 4003 kg

14
a 2500 mg = 2,5 g;
0,25 kg = 250 g
25 000 mg = 25 g
2500 mg < 25 000 mg < 250 g = 0,25 kg

b 44 t = 44 000 kg;
44,4 t = 44 400 kg;
40 404 kg < 40 444 kg < 44 t < 44,4 t < 44 444 kg

15 Jonas hat zuerst 2 kg in Gramm umgewandelt und anschließend 300 g hinzuaddiert.

a 3000 g + 500 g = 3500 g
b 4000 g +35 g = 4035 g
c 1 000 kg + 2kg = 1 002 kg
d 40 g - 2 g = 38 g
e 43 00 kg + 3 kg = 4 303 kg
f 3 t - 1 t = 2 t oder: 3000 kg - 1000 kg = 2000 kg

16

a 15 g
b 220 g
c 3010 kg
d 200 kg
e 125 000 t
f 3 g

17

a 7,984 t **b** 15,783 g **c** 0,006 kg **d** 0,03 t

18

a 4 kg 5 g = 4,005 kg
b richtig
c 7 g 34 mg = 7034 mg
d richtig
e 0,9 kg = 900 g

19 0,2048 t = 204 kg 800 g; 208 040 g = 208 kg 40 g; 208 040 000 mg = 208 kg 40 g
Die Gewichtheber rechts oben und rechts unten sind die stärksten und beide gleich stark.
Differenz: 208 kg 40 g - 200 kg 840 g = 207 kg 1040 g - 200 kg 840 g = 7 kg 200 g = 7,2 kg

5.4 Zeit

<u>Seite 142</u>

1

a, b individuelle Lösungen. Stoppuhr: Messen von Zeitintervallen, Digitaluhr: Messen von Zeitpunkten, Sonnenuhr: Messen von Zeitpunkten und -räumen, Sanduhr: Messung von Zeitspannen. Weiter Uhrenarten: Analoguhr, Atomuhr, „Himmelsuhr“ (Stellung des Großen Wagens), etc.

c Stoppuhr: Zeitmessung beim Sport und bei naturwissenschaftlichen Versuchen
Armbanduhr: Zeitmessung im Alltag
Sonnenuhr: Messung der Tageszeit, oft an öffentlichen Gebäuden (z. B. Kirche, Rathaus)
Sanduhr: Messung festgelegter Zeitspannen, z. B. bei Spielen, beim Kochen, beim Saunagang.

2 Stoppuhr und Sanduhr dienen eher zur Messung von Zeitspannen, Armbanduhr und Sonnenuhr zur Messung von Zeitpunkten.

Übungsaufgaben

1 Beispiele:
① Der Zug kommt um 9.35 Uhr an (Stunde, Minute).
② Ich bin am 13. 12. 2001 um 15.34 Uhr geboren (Tag, Monat, Jahr, Stunde, Minute).
③ Das Tor ist in der 25. <u>Minute</u> gefallen.
④ Für meinen Weg zur Schule brauche ich 17 <u>Minuten.</u>
⑤ Ein Monat dauert 28, 29, 30 oder 31 <u>Tage.</u>
⑥ Bis zum Stundenende sind es noch 12 <u>Minuten.</u>
⑦ Meine Geburtstagsfeier beginnt um 14.30 Uhr (Stunde, Minute).

2 Bei ④, ⑤ und ⑥ sind Zeitspannen angegeben, bei ①, ②, ③ und ⑦ Zeitpunkte.

Seite 143

3 8:05 Uhr bis 11:23 Uhr ≙ 3 h 18 min
8:05 Uhr bis 14:39 Uhr ≙ 6 h 34 min (größte Zeitspanne)
11:23 Uhr bis 14:39 Uhr ≙ 3 h 16 min (kleinste Zeitspanne)
Berechnung durch Differenzbildung.

4 $d \underset{:24}{\overset{\cdot 24}{\rightleftarrows}} h \underset{:60}{\overset{\cdot 60}{\rightleftarrows}} min \underset{:60}{\overset{\cdot 60}{\rightleftarrows}} s$

5

a 2220 s
b 540 min
Umrechnungsfaktor: 60
c 10 800 s
d 5 min
e 322 min
f 14 h

6

a 8 min
b 5 h
c 19 h
d 109 min
e 4 d
f 11

7

a 1 h 40 min = 1:40 h
b 2 h 14 min = 2:14 h
c 3 min 12 s = 3:12 min
d 1 d 22 h
e 24 min 9 s = 24:09 min
f 3 d 6 h 55 min = 3 d 6:55 h

8

a 41 min 57 s
b 12 h 16 min
c 2 h 29 min 48 s
d 42 min

9 Um 15;20 Uhr.

10

a

a

Frage	Verbindung 1	Verbindung 2
Wie lange sind wir unterwegs?	3:57 h	3:51 h
Wie oft müssen wir umsteigen?	2-mal	3-mal
Wie lang sind die Umsteigezeiten insgesamt?	53 min	33 min
Wie lang ist die reine Fahrtzeit?	3:04 h	3:18 h

b Möglichkeit 1 ist vielleicht günstiger (nur 2 mal umsteigen – aber lange Wartezeit!), man könnte deswegen für Möglichkeit 2 plädieren, da hier die gesamte Reisezeit um 6 min geringer ausfällt.

11

a Team 1: 8 589 ms, Team 2: 8 736 ms; Team 3: 19 471 ms.

b Unterschied zwischen Team 1 und Team 2: 147 ms. Zwischen Team 1 und Team 3: 10 882 ms. Zwischen Team 2 und Team 3: 10 735 ms.

5.5 Längen

Seite 144

1

a Der Verkäufer freut sich, da seine Elle länger ist als die der kleinen Frau. Würde der Verkäufer mit seiner Elle messen, würde die Frau mehr Stoff zum gleichen Preis bekommen.
b Man könnte vereinheitlichte Ellenmaße verwenden.
c Klassenabhängige Lösung
d Die *Handbreit* entspricht der breitesten Stelle der Handfläche (ohne Daumen).
Ein *Fuß* ist der Abstand zwischen Ferse und großem Zeh.
Ein *Schritt* ist die Schrittlänge.
Die *Daumenbreite* entspricht der breitesten Stelle des Daumens.
e Körpergröße: individuell; Radiergummi: Daumenbreite;
Schulbuch, Tischlänge, Bleistift, Geodreieck: Spanne, Handbreit, Daumenbreite
f individuelle Antworten

Seite 145

Übungsaufgaben

1

a 19 km
b 1 m
c 23 mm
d 21 cm
e 7,32 m
f 29,5 cm

2

a 5 dm = 50 cm = 500 mm
b 300 m = 3 000 dm = 30 000 cm = $3 \cdot 10^5$ mm
c 1,2 m = 12 dm = 120 cm = 1 200 mm
d 8,12 m = 81,2 dm = 812 cm = 8 120 mm
e 71 m = 710 dm = 7 100 cm = $71 \cdot 10^5$ mm
f 9,3 m = 93 dm = 930 cm = 9 300 mm

3

a 9 dm = 900 mm, 7,3 m = 730 cm, 8,8 m = 880 cm
b 130 mm = 13 cm, 270 mm = 2,7 dm, 23 m = 0,023 km
Mit der Umrechnungszahl 100 wird abwechselnd multipliziert und dividiert.

4

a 8 000 mm > 300 mm > 70 mm > 30 mm > 28 mm > 7 mm
b 200 000 cm > 2 800 cm > 1 200 cm > 440 cm >27 cm
c 3 000 m > 2 005 m > 27 m > 1,5 m

5

a 15 m
b 1,5 km
c 1601 m

6

a 0,13 km = 130 m (Falsche Umrechnungszahl)
b 1,3 m = 13 dm = 130 cm (Zwischenschritt beim Umrechnen übersprungen)
c 5 cm = 0,5 dm (Falsche Umrechnungszahl)
d 3m 2 cm = 3,02 m = 302 cm (Komma falsch gesetzt)

7

12,3 cm + 47 mm = 12,3 cm + 4,7 cm = 17 cm
12,3 cm – 47 mm = 7,6 cm = 76 mm
12,3 cm + 7 cm 3mm + 47 mm = 2 dm 43 mm

12,3 cm + 7 cm 3mm + 0,3 dm = 22,6 cm
12,3 cm – 47 mm – 7 cm 3mm = 3 mm
12,3 cm + 47 mm – 7 cm 3mm = 9,7 cm

8

a 2465 m **b** 100 km 600 m **c** 3,56 km **d** 4,5 m

9 Bleistifte XIQ, Gesamtlänge der Kette: 9 cm ·10 ·10 = 900 cm;
QAX Streichhölzer: 900 cm : 5 = 180; er braucht 180 Streichhölzer. 180 : 30 = 6.
Er braucht 6 Schachteln Streichhölzer.

10

a Die kürzeste Route ist A – I – B – D – F – E – H – A (oder in umgekehrter Richtung) mit folgender Länge: 3,5 km + 4,1 km + 7,4 km + 4,3 km + 5,3 km + 7,3 km + 4,8 km = 36,7 km.

b Die Insel B bekam keine Post und der Postbote benutzte die Route A – I – D – F – E – H – A mit folgender Länge: 3,5 km + 8,6 km + 4,3 km + 5,3 km + 7,3 km + 4,8 km = 33,8 km.
(Kürzer wäre die Route A – I – F – D – E – H – A gewesen:
3,5 km + 5,1 km + 4,3 km + 8,1 km + 7,3 km + 4,8 km = 33,1 km.)

5.6 Hohlmaße

<u>**Seite 146**</u>

1

a Tintenpatrone < Flasche mit Hustensaft < Fruchtsaft < Aquarium < Faß < Badewanne;

b (1 ml) (Tintenpatrone) < (300 ml) (Hustensaft) < (1 l) (Fruchtsaft) < (50 l) (Aquarium) < (100 l) (Faß) < (140 l) (Badewanne);

Übungsaufgaben

1 **a** 1l **b** 2 dl **c** 10 l **d** 450 hl

2

a 36 l + 34 000 l = 34 036 l

b 1 000 l – 450 l = 550 l

c 3 000 cl + 300 000 cl + 0,7 cl = 303 000,7 cl

d 12 000 ml – 12 ml = 11 988 ml

e 13 000 ml – 500 ml + 60 ml = 12 560 ml

Sortiert: 11,988 l < 12,56l < 550 l < 3030,007 l < 34036 l

<u>**Seite 147**</u>

3 160 000 000 cl > 1600 l > 16 000 ml = 160 dl > 16 ml

4 3,25 l

5

a 0,02403 l

b 945,3 l

c 304 560 ml

d 6,300 hl = 600,3 l = 600300 ml

6 7 ·3·0,4 cl = 8,4 cl = 84 ml; sie sollte die mittlere Flasche mit 0,1 l Volumen kaufen.

7 Sixpack: 6 · 1,5 kg + 6 · 0,048 kg + 0,032 kg = 9,32 kg
Getränkekiste: 12 · 0,7 + 12 · 0,58 kg + 1,4 kg = 16,76 kg
Der Getränkekasten ist schwerer, abgesehen davon, dass die Gesamtmenge an Wasser hier auch um 0,6 kg geringer ist.

8

a 1,80 €: 4 = 45 Ct; 1,20 : : 3 = 40 Ct. Die Zahnpasta „perlweiß" ist günstiger.
b 1,95 € : 3 = 65 Ct ; 1,98 € . : 2 = 99 Ct. Das Spülmittel „Blitz" ist günstiger.
c 12 ·330 ml = 3960 ml; Preis: 1792 Ct ; 6 ·1000 ml = 6000 ml; Preis 1080 Ct.
Das Angebot „Limo" ist deutlich teurer als „Limonade".

5.7 Maßstab

Seite 148

1

a Zeichenübung
b Berner Sennenhund: etwa viermal kleiner (Blatt im Querformat); Pferd: etwa elf- bis zwölfmal kleiner;
Maus mit Schwanz: etwa zweimal größer; Ameise: etwa 18-mal größer
c Berner Sennenhund: 24-mal kleiner; Pferd: 70-mal kleiner;
Maus: dreimal kleiner; Ameise: zweieinhalbmal größer

2

a Tür: 100 cm; Schrank: 330 cm x 80 cm; Schreibtisch: 150 cm x 80 cm; Fenster: 180 cm
b Das Zimmer ist 6,3 m lang und 4 m breit.
c Der Maßstab 1 : 100 bedeutet: 1 cm auf dem Plan entspricht 100 cm = 1 m in der Wirklichkeit.

Seite 149

Übungsaufgaben

1

a Zeichenübung. Breite: 21 Kästchen; Höhe: 35 Kästchen
b Zeichenübung. Breite: 3 Kästchen; Höhe: 5 Kästchen

2

Maßstab	1 cm	5 cm	10 cm	25 cm
1 : 10	10 cm	50 cm	1 m	2,5 m
1 : 25	25 cm	1,25 m	2,5 m	6,25 m
1 : 30 000	300 m	1,5 km	3 km	7,5 km
10 : 1	1 mm	5 mm	1 cm	2,5 cm

3

a 2 km **b** 4 km **c** 1,7 km **d** 2,25 km **e** 7,5 km **f** 90 km

4

a 1 m **b** 5 m **c** 5 cm **d** 6 cm **e** 5 cm **f** 30 cm

5

a,b Individuelle Lösungen. Grundriss entwerfen, möglichst auf ein DIN-A4 Blatt passend. Der Maßstab muss dem Format angepasst werden.

Zeit	Lohn
5 h	60,00 €
1 h	12,00 €
8 h	96,00 €

6

	Objekt	Hausfront	Auto	Käfer	Straße
	Originalgröße	16 m x 10 m	4,5 m	8 mm	2 km
a	Maßstab	1 : 100	1 : 50	20 : 1	1 : 10 000
b	Abbildungsgröße	16 cm x 10 cm	9 cm	16 cm	20 cm

7

a Die Lokomotive ist im Original 19,4 m lang. **b** Die „Schöne Württembergerin“ ist 24 cm lang.

8

a 1 : 2000 **b** 1 : 500 000 **c** 1 : 500 000

5.8 Dreisatz

<u>Seite 150</u>

1 3 € : 5 = 0,6 € ; 8 ·0,6 € = 4,80 € Jonas hat genug Geld in der Tasche.

Übungsaufgaben

1

a 2,70€ **b** 125,- € **c** 6,- € **d** 45,- €

2

a

Masse	Preis
7 kg	28,00 €
1 kg	4,00 €
4 kg	16,00 €

b

Menge	Preis
5 l	10,50 €
1 l	2,10 €
12 l	25,20 €

c

Anzahl	Masse
5	40 kg
1	8 kg
16	128 kg

d

Z.B. 5 l Fruchtsaft kosten 10,50 €. Wie viel kosten 12l? (Für Aufgabe b)
Ein Möbelpacker erhält für 5 Stunden Arbeit 60 €. Wie viel bekommt er für 8 Stunden Arbeit? (Für Aufgabe d)

Seite 151

3

a 720 km : 45 l = 16 $\frac{\text{km}}{\text{l}}$; Für 22 l: = 352 km.

b 5,85 € : 9 = 0,65 €; 0,65 € ·5 = 3,25 €.

c 12,60 € : 3 = 4,20 € ; 4,20 € · 2 = 8,40 €.

d 345 km : 2 = 172,5 km; In 3 h: 517,5 km,

4

a 11,90 €, 22,10 € und 35,70 €

b Sie ist nun 30 Jahre alt.

5

a 1 l für 6 m^2; 6 l ·8 = 48 m^2; Fabian hat recht.

b 228 : 6 l = 38 l

c 5 · 10 l= 50 l; 50 · 6 = 300; 5 Eimer reichen nicht.

6

a, b Nudelsalat für 1, 12 und 15 Personen:

Zutaten	Für 5 Personen	Für 1 Person	Für 12 Personen	Für 15 Personen
Nudeln	500 g	100 g	1200 g	1,5 kg
Lyoner Wurst	300 g	60 g	720 g	900 g
Paprika	5	1	12	15
Gewürzgurken	5	1	12	15
Erbsen	250 g	50 g	600 g	750 g
Mais	400 g	80 g	960 g	1,2 kg
Mayonnaise	5 Esslöffel	1 Esslöffel	12 Esslöffel	15 Esslöffel
Essig	5 Esslöffel	1 Esslöffel	12 Esslöffel	15 Esslöffel
Salz, Pfeffer, Kräuter	entsprechend	Nach Geschmack	entsprechend	entsprechend

7

a 100 g Rumpsteak kosten 1,60 €; 300 g kosten 4,80 €, 500 g kosten 8,00 € und 700 g kosten 11,20 e.

b Individuelle Lösungen.

8

a

Masse	Preis
20 kg	30 €
10 kg	15 €
70 kg	105 €

b

Zeit	Weg
60 min	3 km
20 min	1 km
140 min	7 km

9

a Preis pro m^2: 210 €

Grundstück 1
450 m²
15 m
30 m
22 m
Grundstück 2
402 m²
21 m
16 m
10 m

b ①: 94 500 €; ②: 84 420 €

5.9 Umgang mit Größen

Seite 152

1

a Ein Dreipfundbrot wiegt 1,5 kg.
b 250 kg = 5 Zentner; 650 kg = 13 Zentner; 0,5 t = 10 Zentner
c 7500 g = 15 Pfund; 4 kg = 8 Pfund; 2,5 kg = 5 Pfund
d 12 Zentner = 600 kg; 7,5 Zentner = 375 kg; 2,5 Zentner = 125 kg;
13 Pfund = 6,5 kg; 3,5 Pfund = 1,75 kg

2

a Zehn Elefanten benötigen am Tag 500 kg Heu, 200 kg Brot und 200 kg = 0,2 t Äpfel. Die angegebenen Vorräte reichen also aus, wobei 300 kg Brot und 300 kg Äpfel übrig bleiben.
b In einem Jahr zu 365 Tagen benötigen die Elefanten 182,5 t Heu, 73 t Brot und 73 t Äpfel. In einem Schaltjahr zu 366 Tagen sind es 183 t Heu, 73,2 t Brot und 73,2 t Äpfel.
Bei einer Masse von 50 kg wäre das in einem Jahr das 7650-fache des eigenen Körpers.

3

a San Francisco – New York: 3 h; New York – Berlin: 6 h; Berlin – Tokio: 8 h
b 23.00 Uhr (des vorherigen Tages)
c In Berlin ist es 19.00 Uhr, in San Francisco 10.00 Uhr.
d Bei der Landung liest der Passagier 19.35 Uhr ab. Er muss die Uhr auf 13.35 Uhr umstellen.
e Zum Zeitpunkt des Starts war es in München 9.46 Uhr. Das Flugzeug war 11 h 20 min unterwegs.

4

a Ein Fußball und eine Fankappe kosten zusammen 15,45 €. Janine kann mit einem 10-€-Schein, einem 5-€-Schein, zwei 20-ct-Münzen und einer 5-ct-Münze bezahlen.
b Taschenlampe, Springseil und T-Shirt kosten zusammen 14,43 €. Das sind 1,02 € weniger, als Janine bezahlen muss.
c individuelle Lösungen
d Am Centbetrag und an der Höhe des Gesamtbetrages kann man erkennen, was gekauft wurde:
Bei 19,40 € sind es ein Fußball, ein Springseil und eine Fankappe (Betrag um 20 €; letzte Ziffer 0).
Bei 12,47 € sind es zwei Minitaschenlampen und ein Sport-T-Shirt (Betrag um 13 €; Endziffer 7, weil $3 \cdot 9 = 27$).

5

a Sonnenscheindauer: 10:01 h
b Monduntergang: 18:17 Uhr

Seite 153

6

a Umrechnung in andere Längeneinheiten:
1800 mm = 1,80 m; 235 cm = 2,35 m
Dietmar Mögenburg sprang 55 cm höher als Samuel Jones.
71,9 dm = 7,19 m; 8900 mm = 8,90 m

Bob Beamon sprang 1,71 m weiter als Alvin Kraenzlein.
33 dm = 3,30 m; 597 cm = 5,97 m
Renaud Lavillenie sprang 2,67 m höher als William Welles Hoyt.
1,92 m = 192 cm; 20,2 dm = 202 cm
Ulrike Meyfarth sprang im Jahr 1984 um 10 cm höher als im Jahr 1972.

b individuelle Lösungen

7

a Ein Kolibri atmet zehnmal so schnell wie ein Mensch.

b In acht Stunden macht ein Mensch 9600, ein Kolibri 96 000 Atemzüge.
An einem Tag macht ein Mensch 28 800, ein Kolibri 288 000 Atemzüge.

8 Die Keimdauer beträgt zehn Tage. Sie ist unabhängig von der Anzahl der Pflanzen.

9 In 10 s kann ein Kamel 2 l Wasser aufnehmen.

10

a Ohne Sparvorrichtung: Wasserverbrauch in 2 Jahren $24 \cdot 9 \cdot 365 \cdot 2$ l = 157 680 l
Kosten: 473,04 €.
Mit Sparvorrichtung: $12 \cdot 4$ l + $12 \cdot 9$l = 156 l täglich. Jährlicher Verbrauch: $156 \cdot 365 \cdot 2$ l = 113 880 l. Kosten: 341,64 €. Hinzu kommen die Einbaukosten von 60 €: Gesamt: 401,64 €.
Der Einbau hat sich also nach 2 Jahren durchaus amortisiert.

b Pro Tag: $24 \cdot 60 \cdot 2$ ml = 2 880 ml = 2,88 l
Im Jahr: 2,88 l $\cdot$365 = 1 051,2 l.

11

a Eine Person darf maximal 75 kg wiegen.

b Ja. Es können z. B. fünf Personen mit dem Aufzug fahren, wenn jede nicht mehr als 60 kg wiegt.

c individuelle Aufgaben und Lösungen

Seite 154

12 Die reine Wanderzeit (ohne Pause) am ersten Tag betrug 2 h 27 min = 147 min. Die Fahrradfahrer benötigten dann nur 49 min Fahrzeit. Sie brachen also um 9.34 Uhr auf.

13 Ein brauner Koffer wiegt 2 kg, ein blauer 3 kg.

14 a Er wäre 15 000 km hoch, und würde **b** eine Masse von 37 500 t haben.

15

a 20 mg + 17 mg + 314 mg = 351 mg (Magnesium)

b Beispiel: 100 g Schweinefilet (3 mg Eisen), 100 g Pfifferlinge (6,5 mg Eisen), 100 g Erdbeeren (1 mg Eisen), 100 g Äpfel (0,5 mg Eisen) – Schweinefilet mit Pfifferlingen; Nachtisch: Erdbeer-Apfel-Salat.

c Zeichenübung, z. B. Säulendiagramm

d Nein. Wenn Julia 100 g Pfifferlinge isst mit einem Eisengehalt von 6,5 mg, dann nimmt sie gleichzeitig 14 mg Magnesium zu sich. Gleich viel Magnesium nähme sie zu sich, wenn sie 100 g Tomaten essen würde. Dabei würde sie aber nur 0,6 mg Eisen dazu bekommen.

e individuelle Aufgaben und Lösungen

5.12 Mehr zum Thema: Zeitzonen

Seite 160

1 Wenn es in Deutschland zwei Zeitzonen gäbe, dann müsste bei einer Fahrt von Baden-Württemberg nach Berlin die Uhr eine Stunde vorgestellt und bei der Rückfahrt wieder eine Stunde zurück gestellt werden.

2 + 3 individuelle Antworten

6 Umfang und Flächeninhalt ebener Figuren

6.1 Umfang

<u>**Seite 162**</u>

1

a 54 m

b 36 m

c Ja, Tamara hat Recht.

Übungsaufgaben

1 Mögliche Maße: $a = 19$ cm, $b = 26$ cm; $u = 2 \cdot 19 \text{ cm} + 2 \cdot 26 \text{ cm} = 90 \text{ cm}$
Bei einem DIN A4-Blatt: $u = 2 \cdot 21 \text{ cm} + 2 \cdot 30 \text{ cm} = 102 \text{ cm}$;

2 Rechteck: $u = 2 \cdot 4 \text{ cm} + 2 \cdot 6 \text{ cm} = 20 \text{ cm}$; Quadrat: $u = 4 \cdot 3 \text{ cm} = 12 \text{ cm}$

3

a

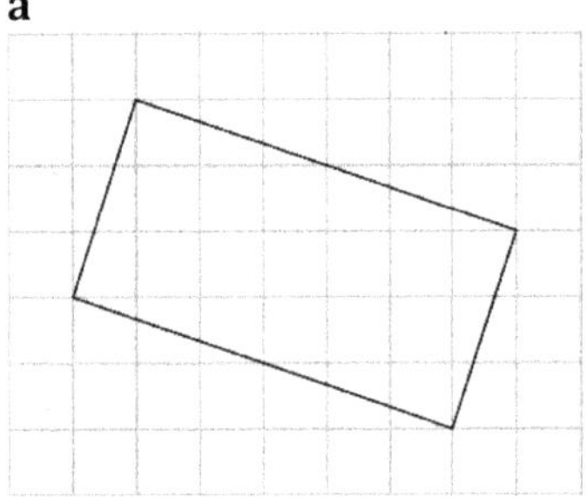

$u = 2 \cdot 3{,}2 \text{ cm} + 2 \cdot 1{,}6 \text{ cm} = 9{,}6 \text{ cm}$

b

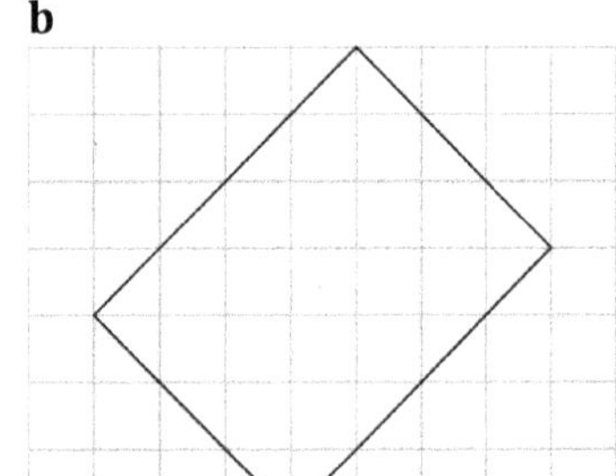

$u = 2 \cdot 2{,}8 \text{ cm} + 2 \cdot 2{,}1 \text{ cm} = 9{,}8 \text{ cm}$

<u>**Seite 163**</u>

4

a 30 cm **b** 32 m **c** 19 cm **d** 88 cm **e** 4,4 m **f** 23 cm

5 Länge des Beckenrandes:

a 24 m **b** 150 m

6

a Breite $b = 7$ cm

b Länge $a = 9$ dm

c Länge $a = 8$ cm

d Breite $b = 17$ cm

7 größtmöglicher Umfang: 420 m; kleinstmöglicher Umfang: 270 m; Differenz: 150 m

8

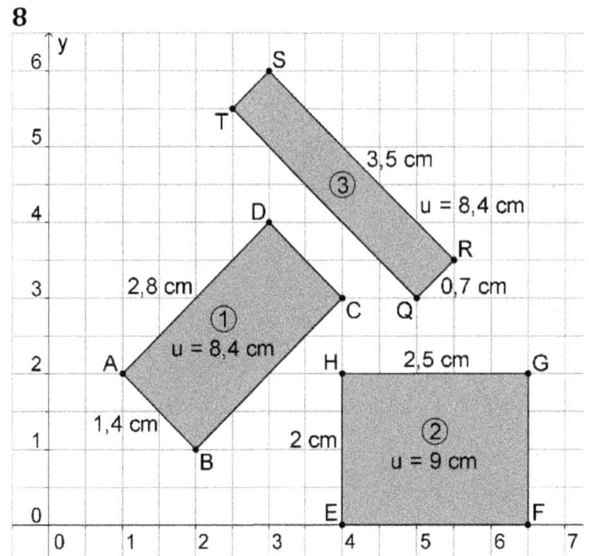

Die Rechtecke ① und ③ haben den gleichen Umfang.

9 Beispiele:

Länge a	9 cm	8 cm	7,5 cm	7 cm	6,4 cm	6 cm	5 cm
Breite b	1 cm	2 cm	2,5 cm	3 cm	3,6 cm	4 cm	5 cm

Beispiele:

10 Beide Figuren haben den gleichen Umfang von 8 cm. Dies gilt für eine Kästchenlänge von 0,5 cm.

11 Zeichenübungen

a Der Umfang verdoppelt sich.

b Der Umfang halbiert sich.

c Der Umfang vergrößert sich um das Doppelte der ursprünglichen Länge.

d Der Umfang vergrößert sich um das Vierfache der ursprünglichen Breite.

13

a Es werden 146,26 m Kunststoffband benötigt.

b Der Platzwart hat Recht. Man könnte zweimal 23,76 m Band für die gesamte Länge des Feldes und zweimal 2,73 m für die Breite einsparen. Das sind insgesamt 52,98 m Band.

6.2 Umfang von Vielecken

Seite 164

1

a u = 2 · 25 m + 2 · 13 m + 25 m + 15 m = 116 m.

b u = 5 · 8 m = 40 m.

Übungsaufgaben

1 Vieleck ① und Vieleck ③ sind regelmäßig (Achteck und Zehneck), die anderen sind unregelmäßig.

Seite 165

2 Beispiel (Darstellung verkleinert):

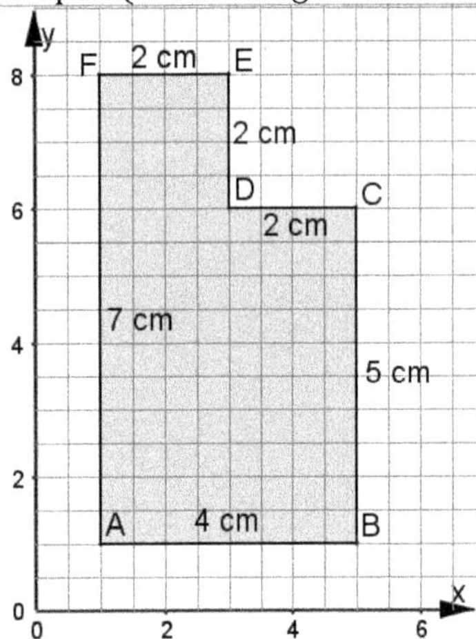

Der Umfang beträgt 22 cm. (1 LE = 1 cm)

3 Er braucht 220 m Zaun.

4 Es handelt sich um ein Sechseck.

5 Der Umfang beträgt 18 cm

6 Zeichenübung

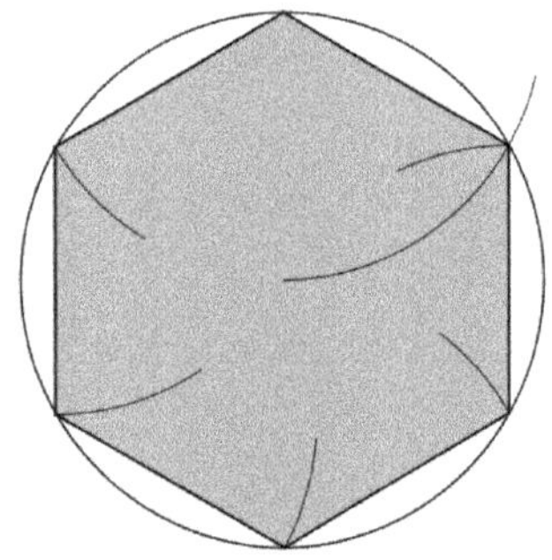

Das regelmäßige Sechseck hat eine Seitenlänge von 4 cm und einen Umfang von u = 24 cm.

7

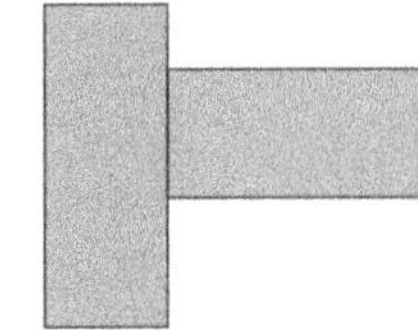

Der Umfang beträgt in beiden Fällen 24 cm. Er bleibt auch gleich, wenn man das zweite Rechteck in seiner Lage verändert. Erst, wenn man das Rechteck nach oben (oder unten) so verschiebt, dass es „übersteht", ändert sich dies.

8 Es handelt sich um ein 10-Eck. Zwei Seitenkanten haben die doppelte Quadratseitenlänge $2 \cdot a$, 8 Seitenlängen die einfache Quadratseitenlänge.a. Es gilt: $2 \cdot 2a + 8 \cdot 1a = 12a$.
Damit ergibt sich für die Seitenlänge des Quadrats: 24 cm : 12 = 2cm

9

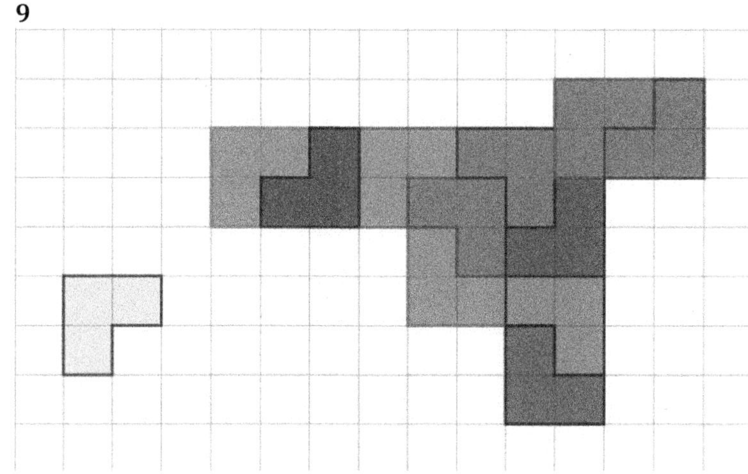

Umfang: u = 34 cm (Kästchenlänge 1 cm)

10

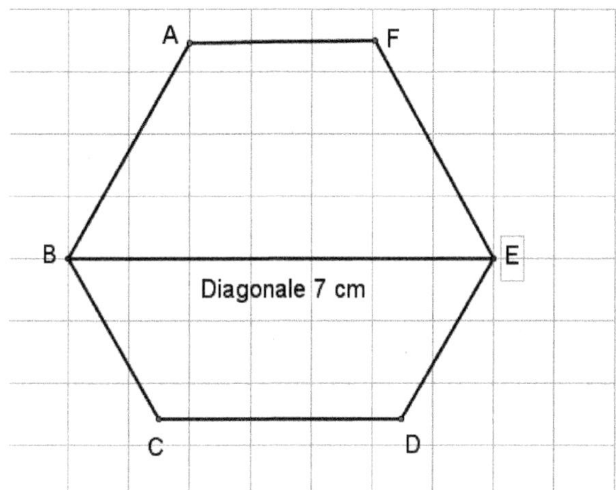

Eine andere Diagonale ist wegen mit der gegebenen Seitenlängen nicht möglich(Dreiecksungleichung!)

6.3 Flächen vergleichen

Seite 166

1 Bei den Hauswänden ④ und ⑤ haben die Maler am längsten zu arbeiten. Da alle Fassaden aus gleichen Flächenstücken bestehen, können die Größen einfach durch Zählen dieser Flächenstücke verglichen werden.

2 ① 12 Kästchen ③ 11 Dreiecke ⑤ 9 Vierecke ⑦ 14 Kästchen
② 10 Dreiecke ④ 12 Kästchen ⑥ 9 Vierecke
Der Größenvergleich ist bei den Figuren ①, ④ und ⑦, bei ② und ③ sowie bei ⑤ und ⑥ leicht möglich, da diese zu vergleichenden Figuren jeweils mit gleichen Teilflächen ausgelegt sind.

Übungsaufgaben

a ① dreimal, ②: fünfmal **b** ①: viermal; ② neunmal

Seite 167

2 Beispiel (Darstellung verkleinert):

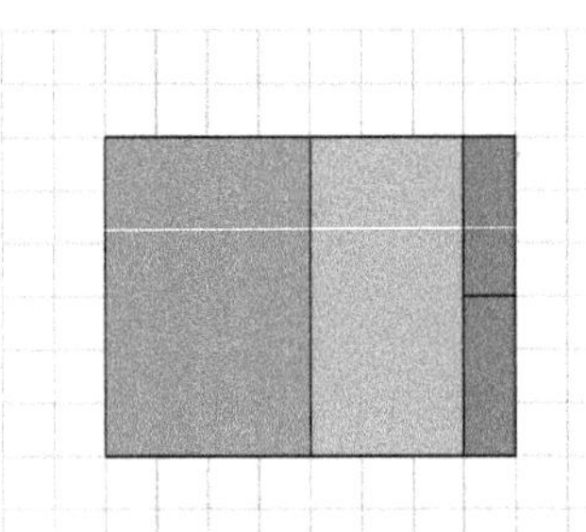

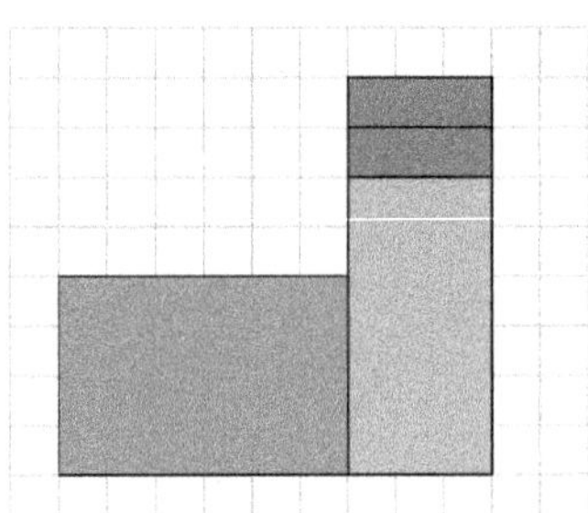

Die beiden Figuren haben denselben Flächeninhalt. (A = 48 cm²)

3

a 14 Kästchen **b** 18 Kästchen

4

a 14 Kästchen **b** 11,5 Kästchen

Individuelle Gestaltung: Beispiele.

5

a linke Figur: Flächeninhalt = 16 Kästchen, Umfang = 8 cm
rechte Figur: Flächeninhalt = 16 Kästchen, Umfang = 10 cm
Figuren mit gleichem Flächeninhalt können unterschiedliche Formen und Umfänge haben.

b linke Figur: Flächeninhalt = 13 Kästchen, Umfang = 8 cm
rechte Figur: Flächeninhalt = 11 Kästchen, Umfang = 8 cm
Figuren mit gleichem Umfang können unterschiedliche Flächeninhalte haben.

6 Beispiele

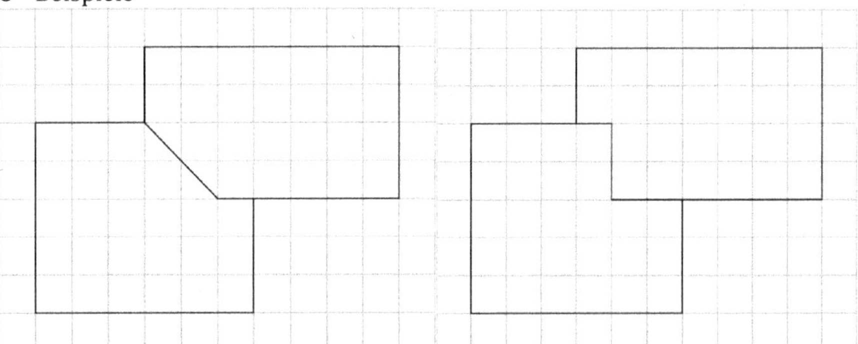

Die Gesamtfigur hat einen Flächeninhalt von 52 Kästchen. Die beiden entstehenden Flächen müssen somit 26 Kästchen groß sein und können durch Abzählen eingezeichnet werden.

7

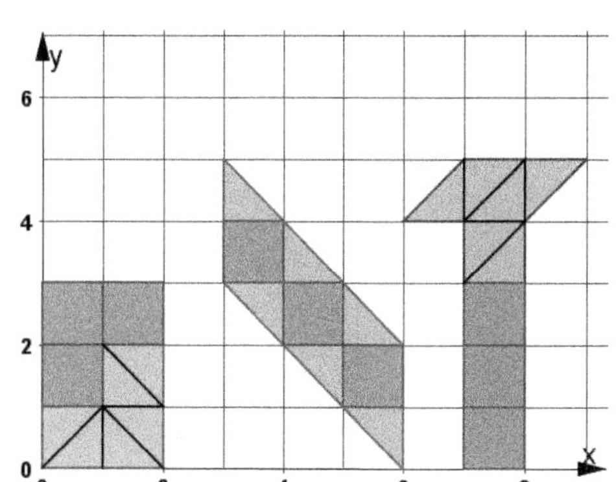

Jede Figur besteht aus 3 Quadraten (Kästchen) und 6 flächengleichen Dreiecken, von denen man jeweils zwei zu einem vollständigen Quadrat (Kästchen) zusammensetzen kann. Insgesamt besteht also jede Figur aus 6 Quadraten (Kästchen).

8 Zeichenübung. Individuelle Lösungen.

6.4 Flächenmaße

Seite 168

1 PC-Taste: 1 cm²; Wandtafel: 1 m²; Millimeterpapier-Kästchen: 1 mm²; Weihnachtskarte: 1 dm²

Übungsaufgaben

1

a ② **b** ① **c** ③ **d** ④

2

a 67 cm² **b** 6 dm² **c** 75 dm² **d** 150 cm²

3

a In das große Quadrat passen 10 Reihen mit je 10 kleinen Quadraten, also insgesamt 100 kleine Quadrate. Es ist demnach 1 dm² = 100 cm².

b Zeichenübung

Seite 169

4

a 23 000 dm² = 2,3 a
b 4900 cm² = 0,49 m²
c 4500 a = 0,45 km²
d 1200 m² = 0,12 ha
e 10 000 mm² = 1 dm²
f 990 000 cm² = 99 m²
g 2 500 000 mm² = 250 dm²
h 160 000 dm² = 16 a
i 200 000 m² = 20 ha

5

a 70 000 mm² < 40 000 cm² < 81 000 dm² < 35 a < 9000 m²
b 270 000 dm² < 270 000 000 cm² < 2700 a < 270 ha < 27 km²
c 8 200 000 mm² = 820 dm² < 820 000 cm² < 800 m² < 80 a

6

a 710 km² = 71 000 ha = **710 000 000** m²

b 1 690 000 dm² = **16 900 m²** = 169 a

c 8250 m² = 82 500 000 cm² = **82,5 a**

d 375 000 000 mm² = **37 500** dm² = 375 m²

7 Patricks Antwort stimmt nicht.

8 8 a = 800 m²; 800 · 3 min = 2400 min = 40 h. Die Straßenwalze ist 40 Stunden im Einsatz. Tägliche Arbeitszeit: 8 h. Der Fahrer ist also 5 Tage beschäftigt.

6.5 Flächeninhalt

Seite 170

1 ①: 24 Quadrate ②: 21 Quadrate ③: 24 Quadrate ④: 25 Quadrate

a Figur ② hat den kleinsten, Figur ④ den größten Flächeninhalt.

b ② < ① = ③ < ④

c Es handelt sich um Rechtecke. Figur ④ ist sogar ein Quadrat.

Übungsaufgaben

1

a 78 cm² **b** 49 m² **c** 48 dm² **d** 176 cm²

Seite 171

2 Flächeninhalte:

a 196 cm² **b** 300 cm² **c** 16 cm² **d** 216 cm²

Viereck **c** hat den kleinsten, Viereck **b** den größten Flächeninhalt.

3 Flächeninhalte:

a 30 cm² **b** 27 cm² **c** 35 cm² **d** 32 cm²

Das Rechteck **c** hat den größten Flächeninhalt.

Zeichenübung.

4

	a	b	c	d	e	f	g	h
Länge	21 cm	4 cm	8 dm	1 km	40 mm	1,7 cm	28 cm	102,5 cm
Breite	2,1 dm	2,3 cm	4,5 m	250 m	36 cm	1,7 cm	120 mm	20 cm
Fläche	441 cm²	920 mm²	3,6 m²	0,25 km²	144 cm²	289 mm²	336 cm²	2050 cm²
Umfang	(84 cm)	(12,6 cm)	(10,6 m)	(2,5 km)	80 cm	6,8 cm	80 cm	245 cm

Es sind zwei Quadrate vorhanden (**a** und **f**).

5 Beispiele:

Länge a	3,75 cm	4 cm	4,8 cm	6 cm	8 cm	10 cm	12 cm	20 cm	24 cm
Breite b	3,2 cm	3 cm	2,5 cm	2 cm	1,5 cm	1,2 cm	1 cm	0,6 cm	0,5 cm
Umfang u	13,9 cm	14 cm	14,6 cm	16 cm	19 cm	22,4 cm	26 cm	41,2 cm	49 cm
Fläche:	12 cm^2	12 cm^2	12 cm^2	12 cm^2	12 cm^2	12 cm^2	12 cm^2	12 cm^2	12 cm^2

Rechtecke mit gleichem Flächeninhalt können unterschiedliche Umfänge haben. Der Umfang wird dabei am kleinsten, wenn sich Länge und Breite des Rechtecks nicht voneinander unterscheiden, wenn also das Rechteck zum Quadrat wird.
Individuelle Zeichenübung.

6 A = 24 cm^2:

Länge a in cm	24	12	8	6
Breite b in cm	1	2	3	4

A = 30 cm^2:

Länge a in cm	30	15	10	6
Breite b in cm	1	2	3	5

A = 59 cm^2 (Primzahl!):

Länge a in cm	59	1
Breite b in cm	1	59

A = 72 cm^2:

Länge a in cm	72	36	24	18	12	9
Breite b in cm	1	2	3	4	6	8

7

a Die kürzere Seite ist 20 m lang. (1600 m^2 : 80 m = 20 m)

b Seitenlänge eines einzelnen Quadrats: 20 m. (Flächeninhalt: 4 a)

8

a Zeichenübung

b Flächeninhalte: 1 cm^2; 4 cm^2; 9 cm^2; 16 cm^2; 25 cm^2; 36 cm^2; 49 cm^2; 64 cm^2; 81 cm^2; ...
Die Maßzahlen der Flächeninhalte bilden die Folge der Quadratzahlen.

9

a Der Flächeninhalt verdoppelt, verdreifacht bzw. vervierfacht sich.

b Der Flächeninhalt vervierfacht, verneunfacht bzw. versechzehnfacht sich.
Regel: Vervielfachungen der Seiten werden miteinander multipliziert, damit erhält man die Vervielfachung der Fläche.

10 2. Seite: 5m. Flächeninhalt: 5m · 8m = 40 m^2;
Das Grundstück hat einen Flächeninhalt von 400 m^2 = 4 a.

6.6 Flächeninhalt von Vielecken

Seite 172

1

a Das Fünfeck hat „schräge" Seitenlinien. Bisher ist noch kein Verfahren zur Berechnung der Fläche eines Fünfecks bekannt.

b Es ist ein Sechseck entstanden, das sich aus einem Quadrat und einem Rechteck zusammensetzt. Hier kann man leicht die Seitenlängen ablesen und daraus den Flächeninhalt berechnen.

Übungsaufgaben

1

Gelbes Sechseck: 44 cm^2 Blaues 12-Eck:48 cm^2 Rotes 8-Eck: 76 cm^2

2 Die Figur setzt sich aus 4 Teilflächen zusammen: $A = 12{,}5\ cm^2$ (1 FE = 1 cm)

Seite 173

3 Zeichenübung. Ausschneiden der Figuren.
a Addition der Teilflächen: $A = 2\ cm^2 + 6\ cm^2 + 4\ cm^2 + 8\ cm^2 = 20\ cm^2$
b Zeichenübung
c Zeichenübung. Messung der Umfänge. Gelbes Vieleck: u = 23,4 cm. Blaues Vieleck: u = 25,7 cm. Die Umfänge flächengleicher Vielecke müssen also nicht gleich sein.

4 $A = 6 \cdot 4\ cm^2 - 2^2\ cm^2 = 20\ cm^2$

5 Man erhält ein Rechteck und verschiedene Formen von Sechsecken. Alle Figuren haben den gleichen Umfang aber verschiedene Flächeninhalte.

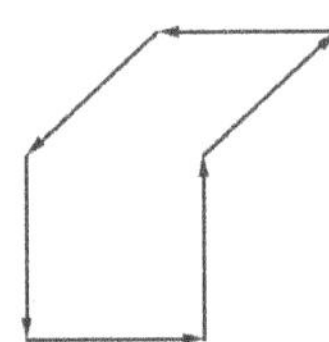

konkaves Sechseck

Es können ein Rechteck und verschiedene nicht reguläre Sechsecke entstehen. Quadrate können es nicht sein, weil dafür immer eine durch 4 teilbare Anzahl von Streichhölzern gebraucht wird.

6

a Zeichnung:

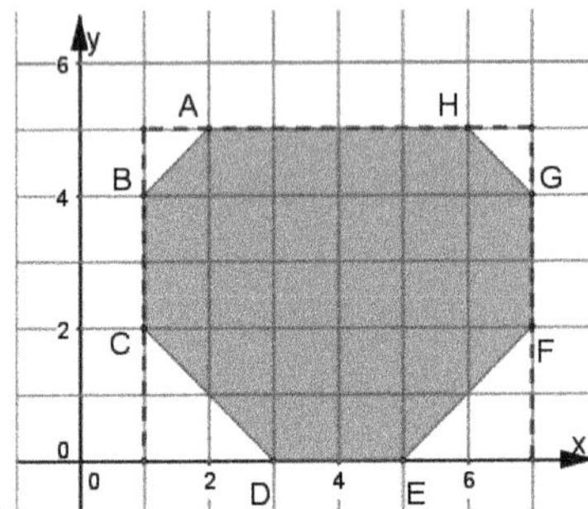

b Das Achteck ist nicht regelmäßig, weil seine Seitenlängen (und Innenwinkel) nicht gleich sind.
c Man ergänzt die Figur durch die Hilfspunkte zum Rechteck, mit dem Flächeninhalt $A = 30\ cm^2$. Die hinzu gekommenen Dreiecke bilden zusammen zwei Quadrate mit $A_1 = 4\ cm^2$ und $A_2 = 1\ cm^2$ Die Fläche des Achtecks beträgt dann: $30\ cm^2 - 5\ cm^2 = 25\ cm^2$

7 Eine Seite dieser Rechtecke besteht aus a Streichhölzern, die andere muss dann stets aus $n \cdot a$ Streichhölzern gebildet werden: $a + a + n \cdot a + n \cdot a = 2a + 2na = 2a \cdot (1 + n)$. Dies ergibt für jedes a und n immer eine gerade Zahl.

8
a Fassade $A_1 = 6^2\ m^2 + 3^2\ m^2 = 45\ m^2$; Fenster und Türen: $A_2 = 6\ m^2$. Gesamtfläche: 39 m^2
b Preis: $39 \cdot 9$ € = 351 €

6.7 Flächengleiche Rechtecke und Quadrate

Seite 174

1
a Zeichen- und Schneideübung
b Übereinstimmung der Kanten: Seitenlänge des aus 4 roten Teilquadraten gebildeten Quadrats: $u_1 = 2 \cdot 3 cm = 6$ cm; Seitenlänge der blauen Rechtecke: $u_2 = 4 + 2$ cm $= 6$ cm.
c Individuelle Lösungen.
2
a Rotes Quadrat: $A_1 = 3^2$ cm$^2 = 9$ cm^2; blaues Rechteck: $A_2 = 4 \cdot 2$ cm$^2 = 8$ cm^2; grünes Rechteck: $A_3 = 4 \cdot 1$ cm$^2 = 4$ cm^2;
b Der Umfang des Rechtecks muss größer sein. Fallbeispiel: Rechteck: a = 8 cm, b = 2 cm; Quadrat: s = 4 cm. $u_{Rechteck} = 20$ cm $> u_{Quadrat} = 16$ cm.

Übungsaufgaben

1 Die Flächeninhalte von Quadrat und Rechtecken sind gleich.
①: $A = 6^2$ cm$^2 = 36$ cm^2, ②: $A = 4 \cdot 9$ cm$^2 = 36$ cm^2 ③: $A = 3 \cdot 12$ cm$^2 = 36$ cm^2
Für die Umfänge allerdings gilt:
①: u = 24 cm ②: u = 26 cm ③: u = 30 cm
Die Umfänge von Quadrat und Rechtecken sind also nicht gleich.

2
a Seite b = (80 cm – 2 · 15 cm) : 2 = 25 cm
b Quadrat: 20^2 cm$^2 = 400$ cm^2 ; Rechteck: $15 \cdot 25$ cm$^2 = 375$ cm^2 ;
Die Flächeninhalte sind verschieden.

6.10 Mehr zum Thema: Flächen von Vielecken

Seite 180

1 Berechnung der Fläche durch Zerlegung in vier rechtwinklig-gleichschenklige Dreiecke mit der Kathetenlänge 2 cm. $A = 2 \cdot 2^2$ cm$^2 = 8$ cm^2

2
a 27 Außenpunkte **b** 24 Innenpunkte
c Zusammensetzen: 27 : 2 + 24 – 1 = 13,5 + 23; Flächeninhalt: 36,5 cm^2

7 Daten

7.1 Daten sammeln

Seite 182

1

a Max wird mit 12 Stimmen Klassensprecher. Lina wird Stellvertreterin mit 8 Stimmen. Mona erhält 7 Stimmen und Anton 4 Stimmen.

b Eine Strichliste ist zum zügigen Protokollieren geeignet. Jeder 5. Strich wird als Querstrich notiert, dies erleichtert das Zusammenzählen. Die Namen notiert man untereinander, rechts daneben bleibt genügend Platz für die Striche. So entsteht ein übersichtliches Bild.

Seite 183

2 Umfrageliste ①: Häufigkeitsliste.
Erklärung: Für jedes Haustier ist die Anzahl der Nennungen als Zahl angegeben.
Umfrageliste ②: Strichliste.
Erklärung: Für jede Nennung als Lieblingshaustier ist ein Strich bei dem entsprechenden Tier in der Tabelle eingetragen.
Umfrageliste ③: Urliste.
Erklärung: Die Haustiere sind nacheinander so aufgeschrieben worden, wie die Antworten gegeben wurden. Sie sind nicht geordnet.

3

Zeit in min	0	1 – 30	31 – 60	61 – 90	91 – 120	mehr
Strichliste	III	~~IIII~~ II	~~IIII~~ ~~IIII~~ I	~~IIII~~ I	II	I
Anzahl	3	7	11	6	2	1

Seite 184

Übungsaufgaben

1

a Musik hören: 39 Nennungen.

b 25 Schülerinnen und Schüler spielen Fußball, 10 spielen Basketball und 11 spielen Tennis. Hieraus kann jedoch nicht geschlussfolgert werden, dass 46 Schülerinnen und Schüler eine Ballsportart ausüben. Es können auch weniger sein, da die Umfrageteilnehmer mehrere Hobbys nennen durften.

c Die Mädchen mögen besonders die Hobbys Lesen, Turnen und Musik hören, während die Jungen lieber Fußball und Computer spielen. Turnen, Tennis und Reiten werden sehr wenig von Jungen als Hobby angegeben, während Basketball bei den Mädchen kaum genannt wird.

d Mit „Sonstiges" sind weitere Hobbys gemeint, die in der Tabelle nicht einzeln genannt sind. Diese könnten z. B. Schwimmen, Fahrrad fahren oder Basteln sein.

e Viele Schüler haben mehrere Hobbys.

2 individuelle Lösungen. Bei ausreichend hoher Anzahl an Fallbeispielen wird es kaum Kulminationen geben.

3

a, b individuelle Lösungen

c Bei Aufgabenteil a wird für Zahl und Wappen etwa die gleiche Anzahl an Strichen, also jeweils ca. 20 Striche, vorkommen, denn die Wahrscheinlichkeit für beide Ergebnisse ist gleich. Abweichungen können aber auftreten, da es sich um einen Zufallsversuch handelt. Erhöht man die Anzahl der Würfe, wird sich die Anzahl der Striche bei Wappen und Zahl annähern.
Bei Aufgabenteil b wird bei Wappen/Wappen und Zahl/Zahl etwa die gleiche Anzahl an Strichen, nämlich ca. 10 Striche, auftreten. Wappen/Zahl wird dagegen etwa doppelt so viele Striche bekommen, also ca. 20 Striche. Das liegt daran, dass bei dem Resultat „zwei unterschiedliche Münzseiten" sowohl das Ergebnis Wappen/Zahl als auch das Ergebnis Zahl/Wappen gilt.

4

a Individuelle Lösungen. Beispiel:

Taschengeld in €	0 – 5	5,01 – 10	10,01 – 15	15,01 – 20	20,01 – 25
Strichliste	卌 I	卌 III	卌 卌 II	卌	I
Häufigkeitsliste	6	8	12	5	1

b Beispiel: Die meisten der 32 Schüler erhalten zwischen 10 und 15 Euro Taschengeld. Nur ein Schüler erhält mehr als 20 Euro Taschengeld. 6 Kinder bekommen ein geringes oder gar kein Taschengeld.

c 6 Schüler

d 14 Schüler

e Niko hat Recht. Es bekommen 18 Schüler mehr als 10 € Taschengeld. Das sind mehr als die Hälfte, denn insgesamt sind 32 Schüler in der Klasse.

7.2 Daten darstellen

Seite 185

1 Julian hat Unrecht, denn es befinden sich nicht gleich viele Gummibärchen von jeder Farbe in den Tüten. Von den gelben Gummibärchen sind am wenigsten vorhanden, nämlich 4 Stück. Die drei Tüten von Hannes, Lara und Julian enthalten am meisten grüne Gummibärchen, nämlich 8 Stück. Rote und orangefarbene Gummibärchen sind mit jeweils 6 Stück gleich oft enthalten. Außerdem befinden sich 5 weiße Gummibärchen in den Tüten.

2 Zeichenübung

3

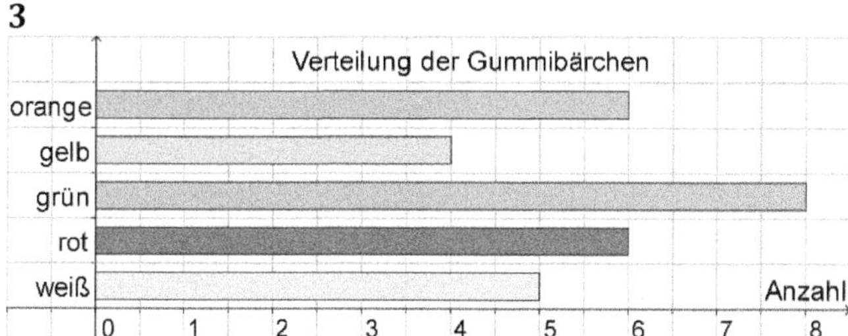

4 c: grün (größter Anteil)
d: rot (Anteil ist genauso groß wie a)
e: weiß (Anteil ist etwas größer als b und etwas kleiner als a oder d)

5 Zeichenübung, Vorschlag:

rot | gelb | orange | grün | weiß
3 cm | 2 cm | 3 cm | 4 cm | 2,5 cm

Seite 186

Übungsaufgaben

1 Säulendiagramm → „Säulen"; Kreisdiagramm → „Kreis"; Balkendiagramm → „Balken"; Streifendiagramm → „Streifen" (mit unterschiedlicher Länge).

2

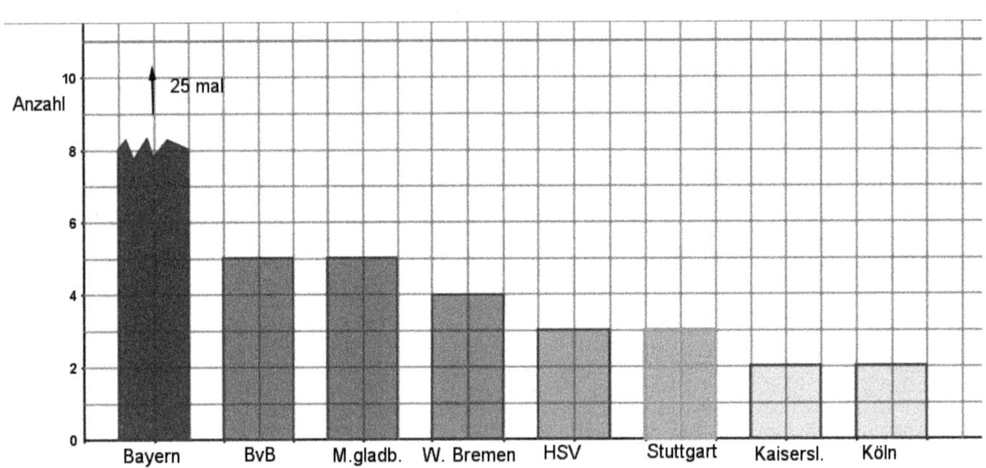

3

Höchstalter einiger Tierarten
Hummer
Uhu
Gorilla
Frosch
Esel
Löwe
Jahre
0 20 40 60 80 100

4

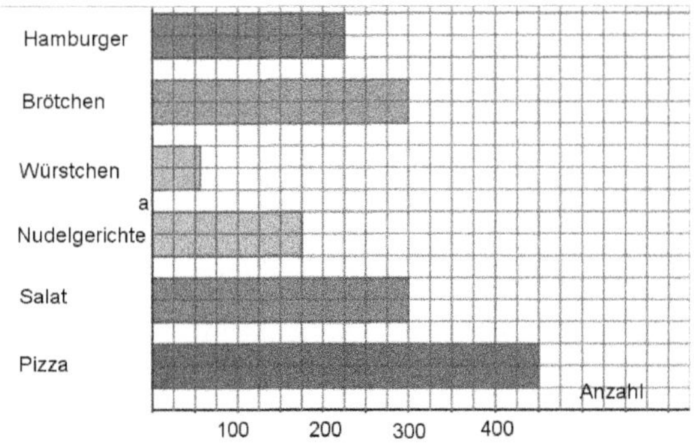

Zeichenübung.
Ein Symbol könnte für 50 Nennungen stehen. Wird als Symbol z. B. ein Teller gewählt, so wären dann 9 Teller für Pizza, 6 Teller für Salat, 3,5 Teller für Nudelgerichte, 1 Teller für Würstchen, 6 Teller für belegte Brötchen und 4,5 Teller für Hamburger zu zeichnen.

5

Freunde treffen	8
Ausflüge unternehmen	6
in Urlaub fahren	6
Verwandte besuchen	2
Hobbys nachgehen	5

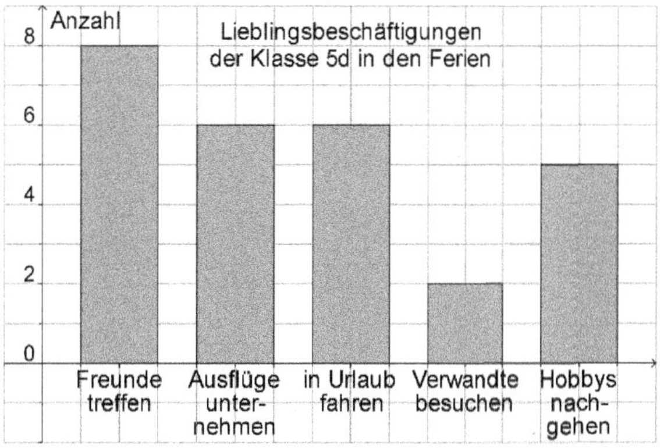

Seite 187

6a,b

Klasse 5a	Mädchen	Jungen	Gesamt
Fahrschüler	0	11	11
Nichtfahrschüler	12	9	21
Gesamt	12	20	32

c 32 Schüler, davon 12 Mädchen, es sind also 20 Jungen in der Klasse. Insgesamt: 11 Fahrschüler. 9 Jungen sind keine Fahrschüler, verbleiben 11 Jungen als Fahrschüler ⇒ kein Mädchen ist Fahrschülerin. Die Daten in den Spalten summieren sich von oben nach unten und in den Zeilen von links nach rechts.

7

Verkehrsmittel	Auto	Bus	Fahrrad	zu Fuß
Strichliste	卌	卌 II	卌 卌	卌 III
Häufigkeitsliste	5	7	10	8

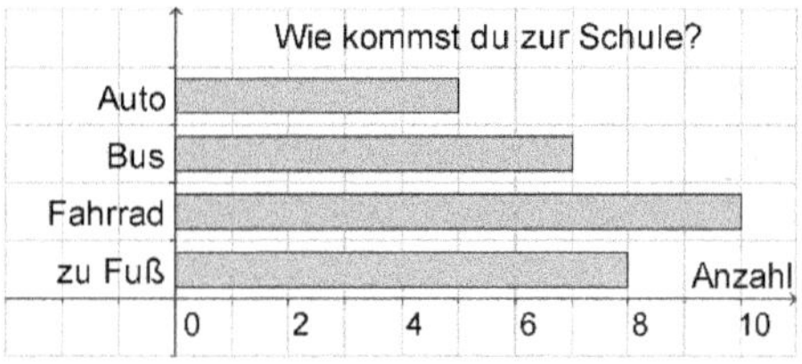

8

a Turn- und Sportverein Pestenhausen:

Abteilungen	Fußball	Volleyball	Tennis	Badminton	Turnen
Mitglieder	50	40	25	25	20

b Der Verein hat insgesamt 160 Mitglieder.

c

Fußball	Volleyball	Tennis	Bad-minton	Tur-nen

d Wird 1 cm für doppelt so viele Vereinsmitglieder wie vorher verwendet, dann bleibt das Streifendiagramm unverändert.

9

a

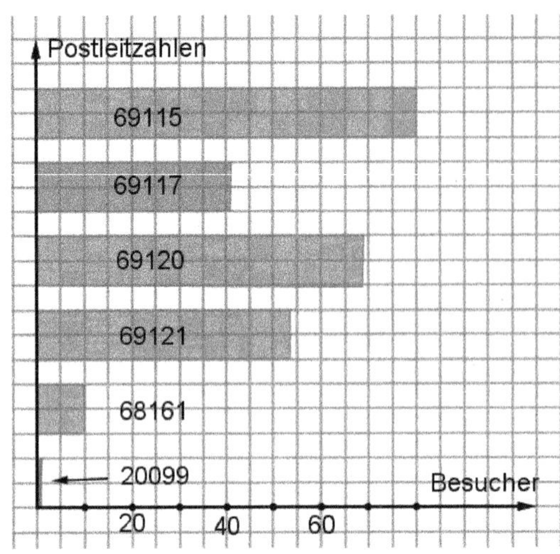

b Möglich wäre auch eine Darstellung im Säulendiagramm, beide grafische Darstellungen sorgen für eine gute Übersicht. Ein Bilddiagramm hätte diesen Vorteil wohl nicht. Auch eine Übersicht als Kreisdiagramm ist nicht zu empfehlen, da die Unterschiede nicht so deutlich hervortreten. Außerdem müssten die Anteile erst in Winkel umgerechnet werden.

7.3 Daten auswerten

Seite 188

1

a Kanutour (11 Stimmen)

b Mädchen: Kanutour, Jungen: Hochseilgarten

c 30

d Da es in der Klasse 5c 17 Mädchen gibt, hat sich nicht über die Hälfte der Mädchen für die Kanutour entschieden (nur 8 Stimmen). Moritz‘ Vorwurf lässt sich aus den Daten nicht ableiten.

2

a Sitze im Bayerischen Landtag: 180. CSU 101 Sitze, SPD: 42 Sitze, Freie Wähler: 19 Sitze, Bündnis 90/Die Grünen: 18 Sitze; (Ein Sitz entspricht 2° im Kreisdiagramm: CSU: 202°; SPD: 84°, FW: 38°, Grüne: 36°)

b Nein, sie haben zusammen nur 79 Sitze im Landtag erhalten, das ist weniger als die Hälfte der 180 Sitze

3

a Beschreibung fehlt.

b Einheiten auf der RW-Achse fehlerhaft.

4

a Julian wird Klassensprecher und Emil wird Stellvertreter.

b Julians und Lias Anteile ergeben zusammen genau einen Halbkreis. Sie haben also gemeinsam die Hälfte aller Stimmen bekommen. Das sind 14 Stimmen.

c Emil hat 7 Stimmen erhalten (halb so viele wie Julian und Lia zusammen bzw. ein Viertel der Stimmen aller Schüler).

d Julian: 9 Stimmen; Emil: 7 Stimmen; Lia: 5 Stimmen; Paula: 4 Stimmen; Charlotte: 2 Stimmen; Kian: 1 Stimme; (eine Stimme entspricht 12,85°)

Seite 189

5

a Nein, Marius gibt etwas weniger als die Hälfte seines Taschengeldes für Essen aus. Dies erkennt man am besten am Kreisdiagramm oder am Streifendiagramm.
b Das stimmt nicht. Am Kreisdiagramm ist erkennbar, dass der Anteil für Sammelkarten weniger als ein Viertel beträgt.
c Marius steckt 2 € ins Sparschwein. Dies ist aus dem Balken- und dem Säulendiagramm ersichtlich.
d Der Unterschied beträgt 1,50 €. Das ist aus dem Balken- und dem Säulendiagramm zu entnehmen.
e Marius erhält 15 € Taschengeld im Monat. Dies ist am Balken- und am Säulendiagramm ablesbar

6

a Es handelt sich um eine schematische Übersicht über die Einwohnerzahlen deutscher Inseln.
b Die Einwohnerzahl ist geringer als 10 000.
c Rügen: 70 000, Usedom: 80 000, Fehmarn: 10 000, Sylt: 20 000, Borkum 5 000;
d Deutscher Anteil der Einwohner: 30 000, polnischer Anteil: 50 000.
e Genauere Einwohnerzahlen: Rügen: 67 500, Usedom: 76 500, Fehmarn: 12 400, Sylt: 18 100, Borkum: 5 300;
Das Diagramm ist nicht sehr genau und unübersichtlich.

7

a Falsch. Es sind 6 Schüler kleiner als 135 cm.
b Korrekt. Es sind 8 Schüler größer als 155 cm.
c Falsch. Es sind mehr als die Hälfte der Schüler kleiner als 146 cm, nämlich 45 Schüler.
d Falsch. Es sind 88 Schüler in Jahrgangsstufe 5.
e Korrekt. 17 Schüler sind kleiner als 140 cm

7.4 Strategie Wir führen eine Umfrage durch

Seite 190

② Der Fragebogen wird in einem geeigneten Format erstellt. Gut geeignet: Ein DIN A5-Blatt. Vorgegebene Antwortfelder ausreichend dimensionieren. Die Antwortdaten können bereits vorgegeben sein. (Multiple Choice)
④ Auf die Möglichkeit der Auswertung durch einen Computer achten. Daten vorformatieren.
⑤ Säulen- bzw. Kreisdiagramme bevorzugen.
⑥ Präsentation über ein großformatiges Plakat, oder durch ein Ergebnisblatt, das für jede(n) Schüler(in) zugänglich gemacht werden kann.

7.6 Mehr zum Thema: Liniendiagramme

Seite 194

Temperaturverläufe

- Morgens um 6:00 Uhr war es schon 20 °C warm.
- Um 14:00 Uhr waren es bereits 40 °C.
- Aus dem Diagramm ist die Entwicklung der Tagestemperatur ersichtlich. Sowohl die Höchst- als auch die Tiefsttemperatur werden im Diagramm dargestellt.
  Es ist auch ablesbar, dass die Temperatur um Mitternacht am Ende des Tages um 8 °C höher ist als am Tagesanfang. Dies lässt, falls die Wetterlage unverändert bleibt, am nächsten Tag noch höhere Temperaturen um die Mittagszeit erwarten.

Tabellensprünge

Beispiele für mögliche Fragen:

- An welchem Spieltag war der 1. FCA am schlechtesten platziert? Antwort: am 9. und 10 Spieltag.
- An welchem Spieltag war der Verein am besten platziert? Antwort: am 1. Spieltag.
- Wie viele Spieltage gab es insgesamt bisher? Antwort: 10 Spieltage.

Diagrammkombination

Beispiele für mögliche Voraussagen:

- In den Monaten Juli und August sind besonders viele Besucher zu erwarten, da in dieser Zeit sommerliche Temperaturen vorherrschen und der Niederschlag gering ist. Zudem ist dies die Ferienzeit, wodurch besonders Familien mit Kindern den Park besuchen.
- Aufgrund der geringen Temperaturen und hohen Niederschläge wird der Park in den Monaten Dezember, Januar, März und April schlecht besucht sein.
- Trotz geringen Niederschlages wird der Park auch im Februar aufgrund der sehr niedrigen Temperaturen (um die 0 °C) voraussichtlich schlecht besucht sein.